Stochastik – keine schwarze Kunst!

Grundlagen der Stochastik für die Sekundarstufe II

Tony Schenk

gewidmet
meiner Prophetin und Lieblingsschülerin

FSC
www.fsc.org

MIX

Papier aus ver-
antwortungsvollen
Quellen
Paper from
responsible sources

FSC® C105338

Herstellung und Verlag:
BoD - Books on Demand, Norderstedt
ISBN 978-3-7322-9846-4

Vorwort

Sie sind sonst ganz gut in Mathe, aber bei der Stochastik hört für Sie jegliche Logik auf?

Sie stehen generell mit der Mathematik auf Kriegsfuß?

Sie sind Lehrer und haben das Gefühl, Ihre Schüler mit dieser Thematik einfach nicht zu erreichen und finden sie vielleicht sogar selbst etwas suspekt?

Dieses Buch richtet sich an die soeben definierte Zielgruppe und ist ein Versuch, etwas Licht ins Dunkel zu bringen. Während meiner Schulzeit habe ich vielfach beobachtet, dass die Stochastik in „Formelgewerfe" ohne jeglichen Hintergrund ausartete und Begriffe nur als leere Hülsen verkauft werden. Man lernt, wie man rechnen muss, das Warum kommt für viele zu kurz. Den Unterricht an der Schule wird und soll dieses Buch natürlich nicht ersetzen, aber ich möchte es als Ergänzung oder Anregung betrachten. Vielleicht findet auch der ein oder andere gestandene Lehrer noch einen Blickwinkel, aus dem er mangels Naivität und Abstand zur Mathematik noch nie auf die Wahrscheinlichkeitsrechnung geschaut hat. Den Schülern, die die bisherigen Zugänge nicht verstanden haben, kann es nicht schaden.

Ich selbst habe nur einen Mathematik-Leistungskurs und drei Semester Mathematik im Rahmen meines dualen Mikrotechnologie-Studiums an der Fachhochschule als Referenzen zu bieten. Möglicherweise ist das sogar gut, weil ich genug und vor allem nicht zu viel mit der Mathematik zu tun hatte, um hier sehr bodenständig Sachverhalte für die Sekundarstufe II erläutern zu können. Meine

Erfahrungen als „Lehrer" können sicher nicht mit denen richtiger Lehrer konkurrieren, sind aber sehr gut geeignet, diese zu ergänzen:

- Während der Schul- und Studienzeit habe ich oft und sehr gerne Mitschülern und Kommilitonen Dinge erklärt, die sie im Unterricht bzw. in der Vorlesung nicht verstanden haben. Dies habe ich auch das ein oder andere Mal in zwei, drei Minuten an der Tafel machen dürfen. Dies ist keine Selbstverständlichkeit, denn es setzt voraus, dass der Lehrende einverstanden ist, einem von ihm Lernenden für einen Augenblick seine Position zu leihen. Man könnte dies nämlich als didaktische Schwäche sehen. Für mich überwiegt aber die Stärke, dies im Sinne der Lernenden einzugestehen und das Lernziel dem eigenen falschen Stolz vorzuziehen. Was nützt es auch, den Stolz wahren zu wollen? Die vermeintliche Schwäche hat doch sowieso jeder Schüler bemerkt, wenn fast keiner in der Klasse das Problem verstanden hat. Der Lehrende hat eigentlich nichts zu verlieren. Wieso also die Schüler um die Chance, es vielleicht doch noch zu verstehen bringen? Ich danke an dieser Stelle allen, die ihren Schülern diese Chance nicht vorenthalten, sondern den „Publikumsjoker" genutzt haben, wenn er sich bot. Dass dieser sich bietet, ist genauso wenig eine Selbstverständlichkeit, da viele davor zurückschrecken, vor versammelter Mannschaft zu sprechen.

- Ein Mitschüler und guter Freund von mir musste nach null Punkten in der schriftlichen zur mündlichen Mathenachprüfung. Ich habe ihm in einem absoluten „Feuerwehrkurs" von je fünf bis sechs Stunden an zwei Tagen zu seinem

Abitur verholfen. Seinen Kopf habe ich übrigens weder davor noch nachher so rot gesehen. Die brach liegende Großbaustelle war bei ihm allerdings die Vektorrechnung sowie der Sinn und das Lösen von Extremwertaufgaben, bei denen ähnlich wie beim Dreisatz[1] auf Krampf eine Schrittfolge vermittelt wird, die absolut keiner braucht. Auch da wird leider zu oft auf Wie statt Warum gesetzt und ein Algorithmus verkauft, als würde man einen Roboter programmieren oder einen Hund dressieren.

- Eine Freundin war zu Beginn des letzten Halbjahres der Oberstufe, dessen Thema in Sachsen die Stochastik ist, noch davon überzeugt, diese im Abitur wegzulassen und sich nur auf die anderen Bereiche zu konzentrieren. In Mathematik hatte sie sonst immer zweistellig Punkte und war eine der Besten in ihrem Kurs. Im Abi wollte sie zehn von 60 Bewertungseinheiten einfach verschenken, da sie in der Wahrscheinlichkeitsrechnung einfach keinen Stich sah. Sie fragte mich, ob ich evtl. etwas von Stochastik verstünde und bereit wäre, ihr zu helfen. Durch fast tägliche Kommunikation über den PC, war sie dann richtig gut und hatte neun der zehn Punkte, die sie erst verschenken wollte. Ironischerweise fiel der fehlende Punkt einem Schusselfehler zum Opfer. Jeder, der mich kennt, weiß: Sie hat auch das von mir gelernt.

- Mein Bruder, der sich in Mathe auch in der Stochastik etwas schwer tat, war durch zwei Erklärungs- und Übungstage in der Lage acht Punkte der folgenden Klausur zu schrei-

---

[1]Dass einfaches Auf- und Umstellen einer Gleichung zu einer Prozedur gemacht wird, die auch noch einen einen Namen bekommt...

ben, ohne die er wohl keine Prüfungszulassung bekommen hätte und räumt jetzt in der Abiturvorbereitung beim Rechnen vergangener Abiturprüfungen in der Stochastik fast immer die komplette Punktzahl ab. Probleme mit der dafür vorgesehenen Zeit hat er keine, im Gegenteil. Ich bin sehr beeindruckt von der Sicherheit und den klaren Gedanken.

- Zu Beginn des Wintersemesters 2009 wurde ich von meinem Professor für Physikalische Chemie gefragt, ob ich Studenten des dritten Semesters zusätzlich zu deren planmäßigem Vorlesungspensum Tutorien (Übungsstunden) geben würde. An unserer Hochschule sind die Übungsstunden normalerweise vorlesungsintegriert und es gibt keine studentischen Hilfskräfte, die Tutorien geben. Es ehrt mich also sehr, der einzige Tutor der Fakultät zu sein. Jeder, der Physikalische Chemie an unserer Fachhochschule belegen muss, bezeichnet sie als schwierigstes Fach des Studiums. Genau das motiviert mich noch mehr und das Unterrichten macht mir sehr viel Spaß.

- Abschließend sei noch meine Mathematiklehrerin aus der Oberstufe erwähnt, welcher ich eine frühere, nicht einmal halb so umfangreiche Fassung geschickt habe. Ich fragte sie, was sie von meinem Machwerk hält und bat um ein umfangreiches Feedback zu den verschiedenen Passagen. Dass sie begeistert war, auch wenn an vielen Stellen noch Handlungsbedarf bestand, motivierte mich zur Überarbeitung und Fortsetzung meiner Arbeit an diesem Buch.

Ich danke allen, die mich vom Korrekturlesen (Anja Dittrich, Bert Kaiser, Karin Noack, Anne-Marie Ritschel, Frank Michael Schulze, Oliver Thiel) bis hin zur Gestaltung des Covers (Johannes Rebling) unterstützt und immer ehrlich Ihre Meinung gesagt haben.

Kritik ist etwas Positives, was uns weiterbringt. Sie muss dafür konstruktiv formuliert sein und der Empfänger sollte die Größe besitzen, sie als Chance, nicht als Angriff zu sehen. In beidem sollte jeder ständig an sich arbeiten, denn perfekt ist man leider nie. Von einem platt dahin gesagten „Das hast du toll gemacht..." wird nix besser.

Inhalt

5   Ein Blick über den Tellerrand   67

6   Übungsaufgaben   74

7   Lösungen   81

Abbildungen

Tabellen

1 Grundlagen

1.1 Wahrscheinlichkeit

Das **Ergebnis** ist einer der möglichen Ausgänge eines Zufallexperimentes und ist nicht weiter unterteilbar.

Die **Wahrscheinlichkeit** (P, p) beschreibt, wie sicher oder unsicher ein bestimmter Ausgang eines Versuches ist und berechnet sich nach klassischer Definition (P.-S. Laplace) wie folgt:

$$P = \frac{\text{Anzahl der günstigen Ergebnisse}}{\text{Anzahl der möglichen Ergebnisse}} \qquad (1.1)$$

Das allein sollte einem logisch erscheinen und wenn nicht, dann ist eh alles verloren (klingt hart, ist aber so). Diese Definition spiegelt wider, was man im alltäglichen Leben unter dem Begriff der Wahrscheinlichkeit (WSK) versteht, sie ist greifbar und für diskrete („abzählbare") Ergebnisse gültig. Wenn ein Experiment eine Menge von n Ergebnissen hat und nichts Vernünftiges dafür spricht, dass ein Ergebnis gegenüber dem anderen bevorzugt eintreten sollte, so müssen alle gleichwahrscheinlich sein. Es kann also nur entscheiden, welcher beschriebene Ausgang welche Anzahl an Ergebnissen in sich vereint und wie sich deren Anzahl zur Gesamtheit der Ergebnisse verhält. Eine Grenze findet diese Betrachtung, wenn man eine mathematisch exakte Beschreibung für infinitesimal genaue (unendlich „schmale") Ergebnisse und unendlich große Ergebnismengen sucht.

Um einen Ausblick zu geben, hier ein Beispiel:
Eine Maschine soll Rohre der Länge 2 m fertigen. Da aber keine 100 %ige Exaktheit erreichbar ist, streuen die Ergebnisse. Das

1

Rohr kann also auch mal 1 mm länger oder kürzer sein. Jedoch ist eine genaue Benennung eines Ergebnisses schwer, da man diese beliebig genau machen könnte: Das Rohr kann 1,997253672819-767808765...2 m oder 1,997253672819767808765...4 m lang sein. Das sind also augenscheinlich zwei verschiedene Längen. Die drei Punkte deuten schon an, dass ich eigentlich nicht wirklich in der Lage bin zwei Ergebnisse voneinander zu trennen und meine Exaktheit theoretisch bis ins unendliche treiben kann. Dies ist ein Problem, welches ich dem interessierten Leser in Kapitel 4 näher als hier für den Einstieg nötig veranschaulichen möchte.

Ein weiteres Problem ist, dass theoretisch alle Längen von 0 bis ∞ möglich sind. Dass so extreme Ergebnisse sicherlich nicht so wahrscheinlich sind, wie z.B. 1,99 m oder 2,01 m sieht sicher jeder ein, jedoch ist deren Eintritt nicht auszuschließen und die Ergebnisse somit auch mit einer gewissen (wenn auch sehr, sehr kleinen) Wahrscheinlichkeit behaftet. Dies ist das 2. Problem, welches klassisch nicht in den Griff zu bekommen ist und später mithilfe der Analysis (Differenziation und Integration) gelöst wird. Auch hierzu mehr in Kapitel 4.

Diese Probleme werden in der Schul-Stochastik meist außen vor gelassen und nur kurz gestreift. Alle Aufgaben, die man vorgesetzt bekommt, sind soweit idealisiert, dass sie klassisch zu lösen sind. So kennt das Lieblingsspielzeug, der Würfel eben nur 1, 2, 3, 4, 5 und 6, aber nicht 1,5 oder 2,443 als Ergebnisse. Das ist aber nicht weiter tragisch, sondern vielmehr notwendig, um nicht gleich erschlagen zu werden. Wir können den Gipfel der Wissenschaft ja nicht von oben sondern nur von unten her erklimmen.

Um nun zu dem Punkt zurückzukommen, von dem ich der Exaktheit halber kurz ausgeholt habe: Ich denke, es leuchtet jedem ein, dass genau zwei Ergebnisse eintreten können, wenn man eine Münze wirft (nämlich Kopf oder Zahl) und jedes 50 % WSK besitzt.

Ebenso verhält es sich bei einem Würfel: Mögliche Ergebnisse sind die Zahlen 1, 2, 3, 4, 5 und 6 – also gibt es sechs mögliche Ergebnisse. Die Anzahl der günstigen Ergebnisse hängt nun daran, was uns interessiert:

1) Möchten wir wissen, mit welcher WSK wir eine 1 würfeln, so haben wir ein günstiges Ergebnis, nämlich die 1. Die WSK ist also $1/6 = 0.1667$.

2) Lautet die Aufgabenstellung aber z.B.: „Mit welcher WSK wird eine gerade Zahl gewürfelt?", haben wir drei günstige Ergebnisse, nämlich 2, 4 und 6. Die WSK ist nun $3/6 = 0,5$.

3) Oder lautet sie: „Mit welcher WSK wird eine Zahl gewürfelt, die kleiner als 5 ist?", so haben wir sogar vier günstige Ergebnisse, 1, 2, 3 und 4, also eine WSK von $4/6 = 0,6667$.

4) Denkbar wären auch Fragen wie: „Mit welcher WSK wird eine Zahl gewürfelt, die kleiner als zehn ist?" oder „Berechnen sie, wie wahrscheinlich eine durch 7 teilbare Zahl als Ergebnis ist!". In diesen Fällen haben wir einmal ein sicheres Ereignis, denn jedes mögliche Ergebnis ist kleiner als zehn und auf der anderen Seite ein unmögliches Ereignis, weil keine der Zahlen von 1 bis 6 durch 7 teilbar ist.

Unter einem **Ereignis** versteht man eine Menge aus möglichen Ergebnissen. Diese kann leer sein (∅, unmögliches Ereignis, die WSK ist null), genau ein (**Elementarereignis**) oder mehrere Ergebnisse enthalten. Enthält sie alle, dann wird sie als **sicheres Ereignis** (WSK = 1, Was soll sonst passieren? Es geht ja nichts anderes.) bezeichnet.

Egal für welches klassische Experiment man Wahrscheinlichkeiten ausrechnen möchte, man nutzt die Laplace'sche Definition. Das Problem dabei ist nur, die Anzahl der günstigen sowie die Anzahl der möglichen Ergebnisse herauszubekommen. Vor allem bei umfangreichen Experimenten und Lösungsmengen nutzt man hierfür die kombinatorischen Instrumente aus Kapitel 2.

1.2 Mehrstufige Zufallsexperimente und Baumdiagramme

Wir haben nun geklärt, wie man zur WSK gelangt, wenn man ein Experiment einmal durchführt.

Was ist aber nun, wenn ich zweimal würfeln möchte oder erst würfeln und dann eine Münze werfen will?

Beeinflusst das, was der erste Würfel macht, die Ergebnismenge des zweiten? Wird eine 6 beim zweiten Wurf wahrscheinlicher, wenn man vorher eine 6 hatte? Ist es für die Münze von Belang, ob ich eine gerade oder eine ungerade Zahl gewürfelt habe? Nein! Es ist völlig egal. Selbst einem Kleinkind erscheint es intuitiv klar, dass beide Teile dieser Versuche unabhängig (wir sagen hier: „stochastisch unabhängig") sind.

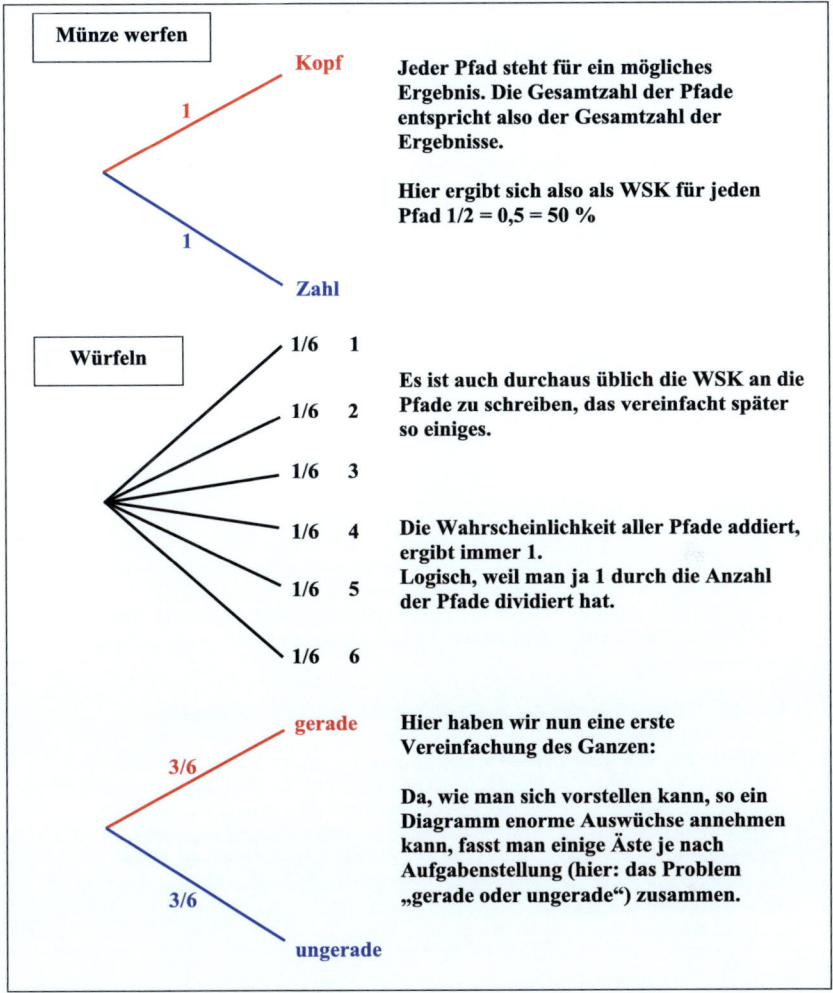

Abb. 1.1: Baumdiagramme für den Münzwurf mit „Kopf oder Zahl", das Würfeln mit „1, 2, 3, 4, 5 oder 6" und das Würfeln mit „gerade oder ungerade" als Zufallsexperiment

Was ändert sich nun, wenn wir mehrstufige Experimente haben? Eigentlich nichts: Egal, wie der erste Teil ausging, geht es ganz normal mit dem zweiten weiter.

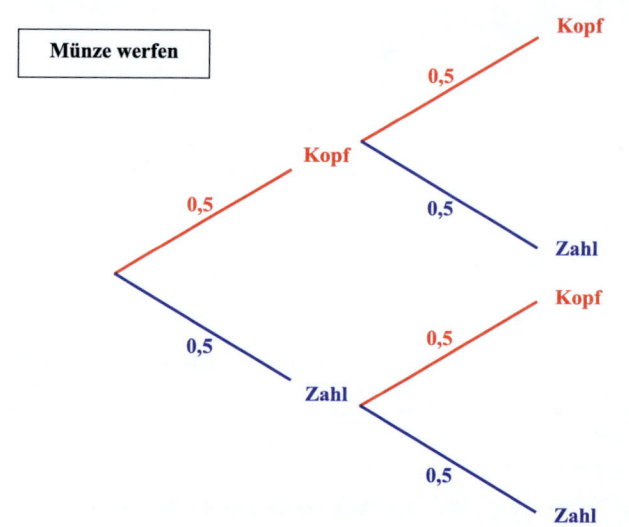

Münze werfen

Kopf

0,5 — Kopf
0,5 — Kopf
0,5 — Zahl

0,5 — Zahl
0,5 — Kopf
0,5 — Zahl

Das Baumdiagramm setzt sich aus den einzelnen Baumdiagrammen der jeweiligen Versuchsteile zusammen. An jeden bisherigen Ast wird ein Baum für Teil 2 gesetzt. Egal wie Teil 1 ausgeht, in Teil 2 kann alles völlig unabhängig davon passieren.

Nun zeigt sich der Vorteil der Beschriftung der Äste mit den jeweiligen Wahrscheinlichkeiten:
Zahl fällt das erste Mal mit 50 % WSK. Nachdem das geschehen ist, kann wieder mit 50 % WSK Zahl oder Kopf fallen. Die Ergebnisse spalten sich hier also in *ZZ* und *ZK* auf. Der einen Hälfte der Ergebnisse aus Teil 1 wird noch mal Zahl folgen, der anderen Kopf. Also 50 % von 50 % unserer Ergebnisse sind *ZZ*. Man multipliziert entlang eines Pfade, um die Pfadwahrscheinlichkeit zu erhalten. Wenn mehrere Pfade für das gefragte Ereignis günstig sind, werden diese wie gewohnt addiert.

Abb. 1.2: mehrstufige Zufallsexperimente

Bsp. 1: Die Wahrscheinlichkeit dafür, dass mindestens einmal Kopf fällt.

Günstige Pfade sind, wie unten zu sehen, also *KK*; *ZK*; *KZ*

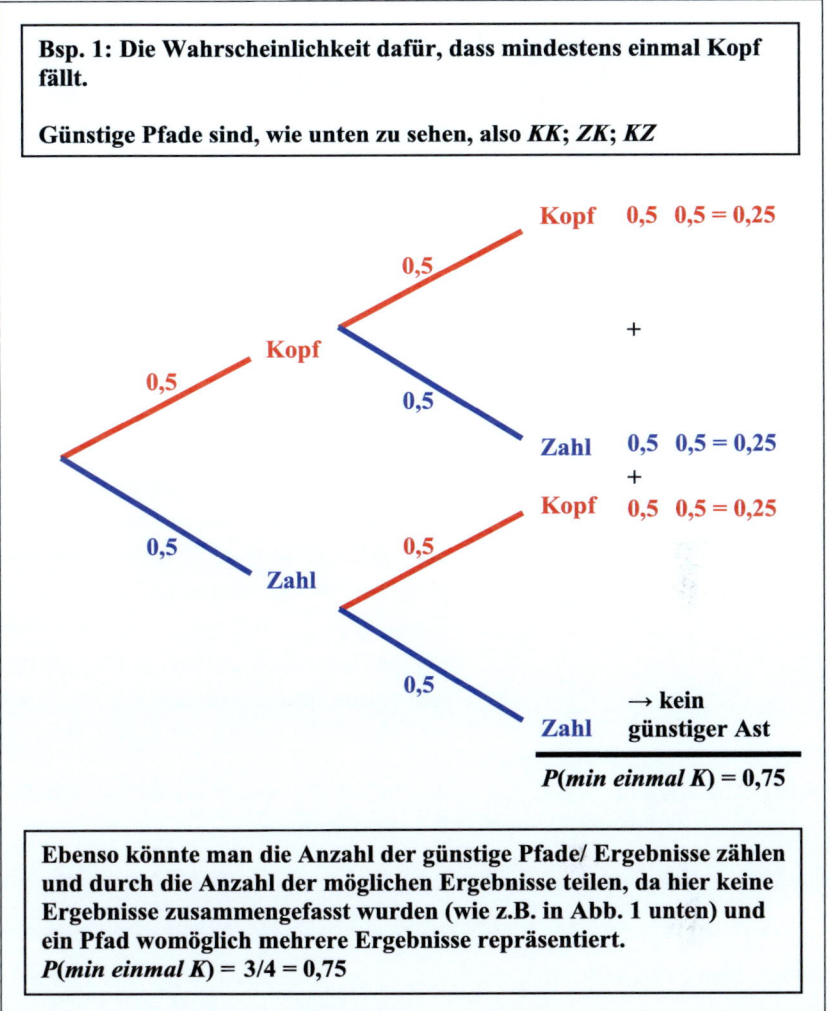

Ebenso könnte man die Anzahl der günstige Pfade/ Ergebnisse zählen und durch die Anzahl der möglichen Ergebnisse teilen, da hier keine Ergebnisse zusammengefasst wurden (wie z.B. in Abb. 1 unten) und ein Pfad womöglich mehrere Ergebnisse repräsentiert.
P(min einmal K) = 3/4 = 0,75

Abb. 1.3: Bsp. 1 – mehrstufiges Zufallsexperiment zweimaliger Münzwurf

Würde man nun statt zweimal eine Münze zu werfen, einmal Würfel und einmal Münze werfen, müsste man an die sechs Äste des Würfelns noch je zwei für das Münzewerfen ansetzen. Ich glaube, dies brauche ich hier nicht vorzuführen und kann jeder ja einmal selber auf einem Blatt Papier für sich nachvollziehen. Als Wahrscheinlichkeiten der Äste ergeben sich dann eben:

$$P(1K) = \frac{1}{6} \cdot \frac{1}{2} = \frac{1}{12}$$

$$\vdots$$

$$P(6K) = \frac{1}{6} \cdot \frac{1}{2} = \frac{1}{12}$$

$$\vdots$$

$$P(1Z) = \frac{1}{6} \cdot \frac{1}{2} = \frac{1}{12}$$

$$\vdots$$

$$P(6Z) = \frac{1}{6} \cdot \frac{1}{2} = \frac{1}{12}$$

1... es wurde eine 1 gewürfelt

$\vdots$

6... es wurde eine 6 gewürfelt

K... es wurde Kopf geworfen

Z... es wurde Zahl geworfen

Da alle möglichen Ergebnisse der Versuchsteile hier gleichwahrscheinlich sind, ergibt sich an den Enden der Pfade logischerweise auch die gleiche Wahrscheinlichkeit für die Ergebnisse dieses zweistufigen Versuches. Bei anderen Experimenten muss das natürlich nicht so sein.

Abb. 1.4: Bsp. 2 – Wahrscheinlichkeiten für ein mehrstufige Zufallsexperiment aus Würfeln und Münzwurf

Es kann auch Experimente geben, bei denen sich die Wahrscheinlichkeit ändert – z.B. wenn ich aus einer Urne mehrere Kugeln ziehe, ohne diese zurück zu legen oder je nach Farbe der gezogenen Kugel neue hinzu gebe oder aus einer zweiten oder dritten anders bestückten Urne ziehe.

Bsp.: Dreimal ziehen aus einer Urne mit vier roten und sieben gelben Kugeln. Die gezogenen Kugeln werden nicht zurückgelegt. Die Reihenfolge der Kugeln ist von Interesse.

R – rote Kugel gezogen   G – gelbe Kugel gezogen

Bspw. ergibt sich für den Pfad RRR:

$$P\left(\text{RRR}\right) = \frac{4}{11} \cdot \frac{3}{10} \cdot \frac{2}{9} = \frac{4}{165}$$

für GGG hingegen:

$$P\left(\text{GGG}\right) = \frac{7}{11} \cdot \frac{6}{10} \cdot \frac{5}{9} = \frac{7}{33}$$

und GRG liefert:

$$P\left(\text{GRG}\right) = \frac{7}{11} \cdot \frac{4}{10} \cdot \frac{6}{9} = \frac{28}{165} \ \ldots \ \text{usw.}$$

Alles lässt sich natürlich wie gewohnt in einem Baumdiagramm darstellen – wieder eine Übung, wenn Sie möchten.

1.3 Spezielle Zufallsexperimente

Zufallsexperimente, bei denen alle möglichen Ergebnisse gleich-wahrscheinlich sind, nennt man **Laplace-Experimente**.

Als ob ein Kuchen gleichmäßig unter n Personen aufgeteilt wird, bekommt jedes Ergebnis ein n-tel des „Wahrscheinlichkeitsku-chens":

$$\boldsymbol{p = \frac{1}{n}} \tag{1.2}$$

Von Laplace stammt also nicht nur die anfangs gegebene Definition der Wahrscheinlichkeit.

Klassische Beispiele:

Würfeln:

$$\{1;\ 2;\ 3;\ 4;\ 5;\ 6\} \to n = 6 \to p = \frac{1}{6}$$

$$P(1) = P(2) = \cdots = P(6) = p = \frac{1}{6}$$

Münze werfen:

$$\{Kopf;\ Zahl\} \to n = 2 \to p = \frac{1}{2}$$

$$P(\text{Kopf}) = P(\text{Zahl}) = p = \frac{1}{2}$$

Der Münzwurf erfüllt außerdem noch die Bedingungen eines anderen grundlegenden Versuches, nämlich des Bernoulli-Experimentes.

> Experimente, die nur zwei mögliche Ergebnisse besitzen und die beliebig oft mit derselben Wahrscheinlichkeit für jedes dieser beiden Ergebnisse durchgeführt werden können, nennt man **Bernoulli-Experimente**.

Hier braucht man nur die Wahrscheinlichkeit eines Ergebnisses kennen. Die des anderen ergibt sich dann über den Zusammenhang, den ich bei der Definition und Klassifizierung des Ereignis-Begriffes schon anklingen ließ:

> Die Summe der Wahrscheinlichkeiten aller Ergebnisse eines Versuches ist stets 1.
>
> $$\sum_{i=1}^{n} p_i = p_1 + p_2 + p_3 + \cdots + p_{n-1} + p_n = 1 \qquad (1.3)$$

Bei Bernoulli-Versuchen gibt es entweder nur zwei mögliche Ergebnisse oder ein Versuch wird nur hinsichtlich zweier komplementärer (d.h. gegensätzlicher) Ereignisse betrachtet. Wenn das erste Ereignis die Wahrscheinlichkeit p besitzt, muss das andere die Wahrscheinlichkeit $(1 - p)$ besitzen. Hierzu mehr in Kapitel 3.3.

2 Kombinatorik

Was machen wir nun, wenn wir aus einer Urne mit 30 roten und 70 gelben Kugeln 20mal ziehen wollen? Es ist doch ein wenig ungünstig, wenn man dann ein Baumdiagramm entwirft, das aus 20 Stufen besteht, oder?

Und was ist, wenn eine so merkwürdige Frage auftaucht wie: „Wie groß ist die WSK dafür, dass sich unter den 20 gezogenen Kugeln acht rote befinden?"? Dann malt man sich nicht nur die Finger für das Diagramm wund, sondern kann auch noch Tage lang wie ein Wahnsinniger Äste zählen und addieren. (Zur Info: Es ergeben sich über eine Mio. Pfade von denen 125.970 günstig sind. Für jeden dieser günstigen Pfade ist die WSK auszurechnen und anschließend sind alle zu addieren.)

Da der Mensch aber von Natur aus faul ist, suchte er nach effektiveren Möglichkeiten und erfand die Kombinatorik. Mithilfe dieser ermittelt man die Anzahl der günstigen sowie die Anzahl der möglichen Ergebnisse und kann nun die Wahrscheinlichkeit für ein Ereignis ausrechnen.

So ziemlich jedes Tafelwerk unterscheidet an dieser Stelle verschiedene Arten ein Experiment durchzuführen. Es wird zwischen Permutation (Vollauswahl oder Anordnung), Variation (Auswahl mit Beachtung der Reihenfolge) und Kombination (Auswahl ohne Beachtung der Reihenfolge) unterschieden.

Eine Permutation liefert mehr Ergebnisse als die Variation und die Variation liefert mehr als die Kombination. Warum das so ist, sehen wir gleich.

2.1 Permutation

Gegeben ist eine Menge von n Elementen, man zieht nun solange, bis alle Elemente „verbraucht" sind: Es wird also hier ohne Zurücklegen gespielt – logisch, sonst könnte man ja ewig ziehen. Hierbei ist die Reihenfolge von Interesse. Denn sonst gäbe es nur ein Ergebnis, nämlich, dass alle Elemente ausgewählt wurden.

Wie ermittle ich nun die Anzahl der Möglichkeiten dieser Auswahl?

Hierzu ein Beispiel: Es befinden sich acht verschiedene Kugeln, z.B. mit den Zahlen 1 – 8 beschriftet oder mit verschiedenen Farben, in einer Urne. Man zieht achtmal. Was passiert?

Beim ersten Ziehen hat man acht mögliche Kugeln zur Verfügung, beim zweiten nur noch sieben, dann sechs, dann fünf... zum Schluss nur noch eine. Zu jeder der ersten acht möglichen Kugeln gibt es sieben mögliche zweite Kugeln, dazu je sechs mögliche dritte Kugeln usw. Die Anzahl der möglichen Ergebnisse setzt sich also wie folgt zusammen:

$$P_8 = 8 \cdot 7 \cdot 6 \cdot 5 \cdot 4 \cdot 3 \cdot 2 \cdot 1$$

wofür man die Kurzschreibweise 8! (sprich: „acht Fakultät") nutzt.

Allgemein gilt also:

Die Anzahl der möglichen Ergebnisse einer Permutation P aus n Elementen ist:

$$\boldsymbol{P_n = n! = n \cdot (n-1) \cdot \ldots \cdot 3 \cdot 2 \cdot 1} \qquad (2.1)$$

Nun wird noch der Fall unterschieden, dass sich in der Menge der Elemente r, s und t gleiche, also nicht zu unterscheidende Elemente befinden. Um bei diesem Beispiel zu bleiben: Von den acht Kugeln sind drei Kugeln rot, der Rest ist irgendwie bunt. Was ändert sich nun?

Man zieht erstmal alle acht Kugeln nacheinander. Nun hat man eine Reihe aus acht Kugeln vor sich liegen, meinetwegen diese:

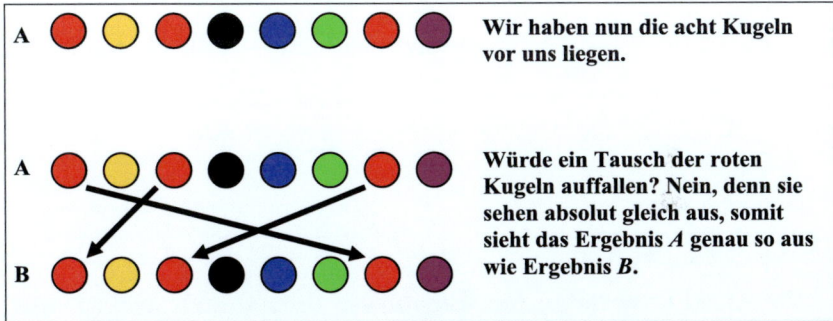

Abb. 2.1: Permutation mit drei gleichen Elementen

Ich kann also die roten Kugeln untereinander beliebig austauschen. Für das Ergebnis sind also nur die Stellen der Reihenfolge entscheidend, an denen sich die roten Kugeln befinden. Wir müssen also die Ergebnismenge der Permutation von vorhin um die Anzahl der jeweils identischen Ergebnisse bereinigen.

Wir überlegen uns nun, wie viele identische Ergebnisse es gibt, wenn die drei Position auf die die roten Kugeln verteilt werden, feststehen. Die Überlegung ist ebenfalls eine Permutation, denn hier werden drei Elemente auf drei Positionen verteilt. Die erste Rote kann sich zwischen allen drei Positionen entscheiden, die zweite noch zwischen den zwei verbliebenen, die letzte muss halt auf den Platz, der übrig ist. Es ergibt sich hier die Permutation $P_3 = 3!$. Die Permutation ohne gleiche Elemente unterscheidet

3!-mal so viele Ergebnisse wie die mit den drei gleichen Kugeln. Diesen Sachverhalt kehren wir einfach ganz geschickt um:

$$^{w}P_8 = \frac{P_8}{3!} = \frac{8!}{3!} = 6720$$

Gäbe es nun nicht nur die drei roten sondern auch noch drei gelbe und zwei blaue als gleiche Elemente unter den acht Kugeln, würde sich die Anzahl der Ergebnisse noch mal reduzieren – nämlich um die Faktoren 3! für die gelben und den Faktor 2! für die blauen:

$$^{w}P_8 = \frac{P_8}{3! \cdot 3! \cdot 2!} = \frac{8!}{3! \cdot 3! \cdot 2!} = 560$$

Allgemein gilt also:

Die Anzahl der möglichen Ergebnisse einer Permutation P aus n Elementen, von denen je r, s und t Elemente identisch sind, ist:

$$^{w}P_n = \frac{P_n}{r! \cdot s! \cdot t!} = \frac{n!}{r! \cdot s! \cdot t!} \qquad (2.2)$$

2.2 Variation

Spielt man ohne Zurücklegen, dann verfährt man eigentlich nach dem gleichen Prinzip, wie bei der Permutation, nur dass man nicht alle Elemente auswählt, sondern nach k Elementen einfach aufhört.

Wir bleiben bei dem Beispiel von oben: acht verschieden farbige Kugeln in einer Urne, fünfmal ziehen. Was ändert sich? Eigentlich nicht viel:

14

Beim ersten Ziehen habe ich acht mögliche Kugeln zum Ziehen, beim zweiten sind nur noch sieben übrig... beim fünften Ziehen nur noch vier. Dann hört man einfach auf. Ich rechne also genauso wie oben nur, dass 4 mein letzter Faktor ist, also $V_8^5 = 8 \cdot 7 \cdot 6 \cdot 5 \cdot 4$. Ich erhalte also so viele Faktoren, wie ich Kugeln ziehe. Um dies nun in einer schönen Formel auszudrücken, überlege ich mir, wie sich das, was ich hier haben möchte und die Formel Permutation oben unterscheidet:

Richtig, die letzten Faktoren $3 \cdot 2 \cdot 1$ fehlen, also die Permutation der verbliebenen Kugeln. Zufällig ist das genau 3! also genau $(8-5)!$. Verblüffend: Es verbleiben alle Kugeln, die ich nicht ziehe, also $(8-5) = 3$. Man rechnet hier also:

$$V_8^5 = \frac{P_8}{P_3} = \frac{8!}{3!} = \frac{8 \cdot 7 \cdot 6 \cdot 5 \cdot 4 \cdot 3 \cdot 2 \cdot 1}{3 \cdot 2 \cdot 1} = 8 \cdot 7 \cdot 6 \cdot 5 \cdot 4 = 6720$$

Allgemein gilt also: Die Anzahl der möglichen Ergebnisse einer Variation aus n Elementen bei k-maligem Ziehen **ohne Zurücklegen** ist:

$$V_n^k = \frac{n!}{(n-k)!} \qquad (2.3)$$

Nun kann man bei einer Variation auch mit Zurücklegen spielen. Was passiert? Die Anzahl der Kugeln im Topf wird nicht von Zug zu Zug reduziert, sondern sie bleibt gleich. Ich rechne somit:

$$^w V_8^5 = 8 \cdot 8 \cdot 8 \cdot 8 \cdot 8 = 32768$$

Die Anzahl der gleichen Faktoren entspricht der Anzahl der Ziehungen.

Allgemein gilt also: Die Anzahl der möglichen Ergebnisse einer Variation aus n Elementen bei k-maligem Ziehen **mit** Zurücklegen ist:

$$^{w}V_n^k = n^k \qquad (2.4)$$

2.3 Kombination

Wir bleiben weiterhin bei unserem Beispiel und spielen der Einfachheit halber zunächst ohne Zurücklegen (auch wenn es komisch klingt, aber das ist in diesem Fall tatsächlich einfacher):

Was unterscheidet nun die Kombination von der Variation? Die Reihenfolge ist egal! Wir haben also am Ende nicht fünf Kugeln geordnet hintereinander liegen, sondern irgendwie wild auf einem Haufen, weil es uns hier völlig egal ist welche Kugel wann gezogen wurde. Es gibt also verschiedene Ergebnisse der Variation, die zu ein und demselben Ergebnis der Kombination führen, da sie hier nicht mehr unterschieden werden dürfen.

Wie viele sind das? Wir gehen einmal den umgekehrten Weg, von der Kombination zur Variation. Wir haben also fünf Kugeln gezogen, die wild auf einem Haufen liegen, eine Kombination. Bei der Variation interessiert mich nun aber auch die Reihenfolge, also muss ich die ausgewählten Kugeln noch anordnen.

Wie viele Möglichkeiten gibt es fünf Kugeln anzuordnen? Es sind genau $5 \cdot 4 \cdot 3 \cdot 2 \cdot 1$. Ha! Das ist eine Permutation, unglaublich! Eine Anordnung aller fünf Kugeln, eine Vollauswahl. (Kurzer Erfolgstest: Wieso ist es keine Variation? Richtig, ich nehme ja alle fünf und nicht nur zwei oder drei der Kugeln und ordne sie an.)

16

Zu jeder Kombination habe ich hier also 5! zugehörige Variationsmöglichkeiten.

$$V_8^5 = 5! \cdot C_8^5$$

stellen wir dies nun um, erhalten wir:

$$C_8^5 = \frac{V_8^5}{5!} = \frac{8!}{(8-5)! \cdot 5!} = 56$$

Genau das nutzen wir jetzt in der Formel. Wir teilen die Formel der Variation durch $k!$, um die identischen Möglichkeiten herauszufiltern.

Allgemein gilt also: Die Anzahl der möglichen Ergebnisse einer Kombination aus n Elementen bei k-maligem Ziehen ohne Zurücklegen ist:

$$C_n^k = \frac{V_n^k}{k!} = \frac{n!}{(n-k)! \cdot k!} = \binom{n}{k} \tag{2.5}$$

$\binom{n}{k}$ ist die Symbolik hierfür und wird aufgrund dessen, wofür sie steht, „k aus n" oder wegen ihres Aussehens „n über k" gesprochen.

Nun kann man auch mit Zurücklegen spielen, nur ist die Formel dafür nicht so anschaulich herzuleiten. Ich gebe mir aber Mühe, die einzige Veranschaulichung, die ich kenne, zu erklären. Das Modell arbeitet (so eigenartig das auch klingen mag) mit $(n-1)$ Trennstrichen zwischen den k Ziehungen. Da diese Vorstellung nicht analog zu den vorherigen ist, muss man erst einmal umdenken. Ich werde mir größte Mühe geben auch dies verständlich zu machen:

Möchte ich zum Beispiel sieben identische Bonbons beliebig an drei Kinder verteilen, so muss ich mir den Versuch eigentlich umgedreht vorstellen. Die Bonbons sind ja nicht unterscheidbar und sie werden auch nicht wieder zurückgelegt. Die Kinder hingegen gleichen einander nicht und können beim Vergeben eines jeden Bonbons, d.h. in jeder Runde begünstig sein. Die Bonbons sind also eigentlich die k Runden, in denen jeweils zwischen den n Kindern ausgewählt wird. Wir könnten uns wie vorhin herantasten und k-mal aus eine Topf mit n Kindern ziehen. Wir erhielten n^k Möglichkeiten und würden, weil wir ja keine Variation sondern eine Kombination wollen, die Information der Reihenfolge tilgen. Genau hier stoßen wir jetzt auf ein Problem:

Wie viele Anordnungsmöglichkeiten gibt es denn? Bei fünf verschiedenen Kugeln gibt es 5! – das ist nicht sonderlich schwer. Nun haben wir aber vielleicht dreimal Kind 1, einmal Kind 2 und wieder dreimal Kind 3 ausgewählt. Gut, dass ließe sich über eine Permutation mit r, s und t identischen Elementen nachstellen. Eventuell haben wir aber Kind 2 überhaupt nicht gezogen, stattdessen viermal Kind 1 und dreimal Kind 3 – eine völlig andere Permutation. Denkbar ist auch siebenmal Kind 2 und keines der anderen zu ziehen, oder je zweimal Kind 1 und 2 sowie dreimal Kind 3. Leider ergeben sich hier sehr, sehr viele verschiedene Fälle. Es sind nicht alle Ausgänge in einem System analog der vorigen Herleitung zur Kombination ohne Zurücklegen unterzubekommen.

Gibt es überhaupt eine Systematik hinter diesem Versuch? Ja, es gibt eine. Die k Bonbons müssen in eine Reihe gelegt und die Besitzansprüche der n Kinder durch $(n-1)$ Trennstriche deutlich gemacht werden. Ich benötige immer eine Grenze weniger als ich voneinander abzugrenzende Elemente habe. Würde ich mit n Trennstrichen arbeiten, so würde ich hier in $(n + 1)$ Gruppen auftrennen. Die folgende Skizze zeigt wie dies zu verstehen ist:

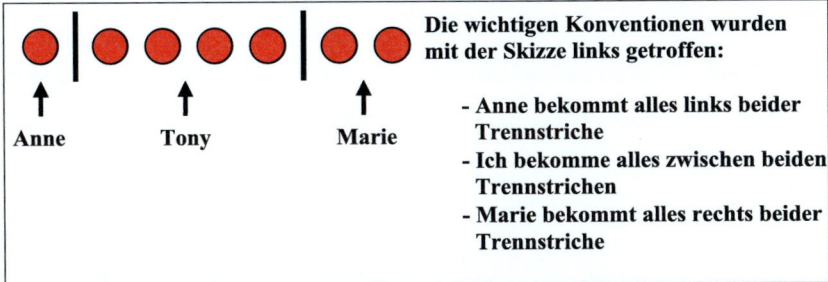

Abb. 2.2: Sieben Bonbons, drei Kinder, zwei Trennstriche?

Wenn ich mir nun nur mal das schöne Bild anschaue, entdecke ich neun Positionen, die mit zwei verschiedenartigen Objekten belegt sind – nämlich mit sieben Bonbons und zwei Trennstrichen.

Die Problematik kann ich also mit meinen bisherigen Kenntnissen aus diesem Kapitel beschreiben und lösen, indem ich sage: „Ich muss auf neun Plätze sieben Bonbons verteilen, die ‚übrigen' Plätze stellen dann automatisch unsere ‚Trennstriche' dar." Was anderes kann da ja nicht mehr sein, denn die Bonbons sind aufgebraucht und die Trennstriche sind übrig. Dass ich auch erst die Trennstriche verteilen und die Bonbons eben auf die verbliebenen Plätze zwingen könnte, wird in Kapitel 3.2 erklärt. Wir bleiben aber mal bei der ersten Version, um am Ende die Formel zu erhalten, die auch in gängigen Tafelwerken zu finden ist. Wir spielen also 7 aus 9 und wie das geht, wissen wir ja bereits. Wenn wir noch mal zurückdenken, wie die 9 entstand, können wir auch sofort eine allgemein gültige Formel ableiten:

Ich sagte vor genau fünf Sätzen: „...sieben Bonbons und zwei Trennstriche..." und noch weiter vorn: „...immer eine Grenze [→ Trennstriche] weniger als Elemente [→ Kinder]...". Wir wählen also immer k aus $(n-1)+k$ Positionen aus.

Das ganze klappt natürlich auch bei merkwürdigen Ergebnissen wie den folgenden und zeigt, wie mächtig das Modell eigentlich ist:

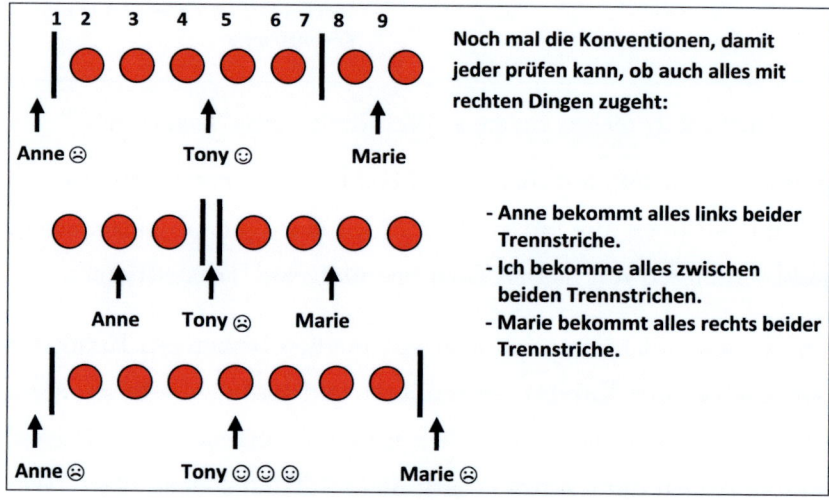

Abb. 2.3: Bonbons für alle – nicht immer...

Allgemein gilt also: Die Anzahl der möglichen Ergebnisse einer Kombination aus n Elementen bei k-maligem Ziehen mit Zurücklegen ist:

$$
\begin{aligned}
{}^{w}C_n^k &= \binom{n+k-1}{k} \\
&= \frac{(n+k-1)!}{(n+k-1-k)! \cdot k!} = \frac{(n+k-1)!}{(n-1)! \cdot k!}
\end{aligned}
\tag{2.6}
$$

Ich denke, ich habe nicht zu viel versprochen, als ich sagte, dass diese Herleitung ein Umdenken erfordert und etwas eigenartig ist. Wenn sie jetzt also nicht folgen konnten, kann ich nur anbieten, den Abschnitt noch einmal zu lesen oder, was letzten Endes auch kein Genickbruch wäre, die Formel einfach hinzunehmen. Ich bin ja Freund davon, möglichst viel zu verstehen statt wie ein Roboter einfach nur zu machen, wozu man dressiert wurde, aber hier darf man gern mal eine Ausnahme machen. Wenn Sie wissen, was als k und was als n einzusetzen ist, dann reicht das auch völlig aus.

Die n müssen unterscheidbar sein und die k müssen identisch sein, bzw. der Unterschied darf nicht von Belang sein. Ich kann durchaus verschieden farbige Bonbons auf diesem Wege verteilen, aber die Frage in der Aufgabenstellung darf nur sein, wer wie viele bekommen hat. Sonst würde ich bei der Variation mit Zurücklegen landen. Aus einer Urne mit drei Kindern würde siebenmal gezogen und so die gezogenen Kinder auf sieben unterscheidbaren „Bonbonplätzen" verteilt werden

2.4 Anwendung/Erfahrung

Jetzt muss man lernen, die verschiedenen Dinge aus der Kombinatorik geschickt zu verknüpfen und einen Blick für die Situation und die geeignete Herangehensweise entwickeln. Manches ist eine Zerlegung notwendig. Ein andermal sind Jackentaschen auf Gegenstände oder Leute auf Bälle zu verteilen, um entsprechend rechnen zu können. Sie werden mitbekommen, dass so etwas „Komisches", wie Leute auf Bälle verteilen, statt den Leuten die Bälle zu geben, eben manchmal das geeignetere Modell und durchaus erlaubt ist.

Mit etwas Erfahrung weiß man, womit zu beginnen ist. Gerade bei mehrstufigen Experimenten bei denen es irgendwo Einschränkungen gibt, sollte bei eben diesen angefangen werden.

Genau das muss man eben mal anhand von Aufgaben gezeigt bekommen, damit man weiß, dass so etwas auch geht und wie man sich seine Ergebnisse zusammenstückeln kann. Es ist sehr förderlich, wenn deutlich gemacht wird, warum genau diese Aufgabe gewählt wurde und wo sicherlich für die meisten die Schwierigkeit lag.

Auch hierfür ist natürlich ein gewisses Talent hilfreich, wie bei allem anderen auch. Manchmal muss eben bisschen getrickst werden und nur die allerbesten kommen von allein drauf. Aber wenn es schon an den Grundlagen hängt, dann hat man ja auch gar nicht erst die Chance, etwas zu erkennen.

Der Rest, so denke ich, baut dann nur noch darauf auf und ist dann vom Verständnis her nicht mehr problematisch, wenn die Grundlagen sitzen.

Ich verspreche, dass der Übungsteil Ihnen hierzu sehr viel Erkenntnis bringen wird. Das Lösen der Aufgaben ist zugegebenermaßen teilweise mit Trickserei und schwarzer Kunst verbunden, wird Sie dadurch aber hoffentlich gut für die Aufgaben in der Schule wappnen. Die Lösungen sind auch ausführlich beschrieben, um Sie nicht nur mit blanken Zahlen tot zu schlagen, sondern Ihnen auch einen gewissen Erkenntnisgewinn zu bescheren.

3 Für den fortgeschrittenen Leser

3.1 Bedingte Wahrscheinlichkeit

Zunächst einmal zu ein paar Begrifflichkeiten:

> Zwei Ereignisse A und B werden **stochastisch unabhängig** genannt, wenn das Eintreten von Ereignis A keinen Einfluss auf die Wahrscheinlichkeit des Eintretens von Ereignis B hat.

Wenn die Wahrscheinlichkeit des Eintretens von Ereignis A und B gefragt ist, kann ich somit also, wie in Kapitel 1.2 bei einem mehrstufigen Zufallsexperiment $P(A \cap B) = P(A) \cdot P(B)$ rechnen[2]. Man kann also in diesem Fall auf die Wahrscheinlichkeit von B über $P(B) = \frac{P(A \cap B)}{P(A)}$ rückschließen.

Für den nachfolgenden Gebrauch der Symbolik treffen wir folgende nicht sonderlich komplizierte Festlegung:

> $P_A(B)$ stellt das Symbol für „P von B, wenn A bereits eingetreten ist" dar.
>
> $P_A(B)$ wird auch als **bedingte Wahrscheinlichkeit** bezeichnet, sie stellt nämlich die Wahrscheinlichkeit für B dar, unter der Bedingung, dass A erfüllt ist.

Ich werfe eine Münze und möchte anschließend eine 6 würfeln. Wurde Kopf geworfen, ist WSK für das anschließende Werfen einer 6 $P_{Kopf}(6) = 1/6$. Kam Zahl, ist sie ebenfalls $P_{Zahl}(6) = 1/6$. Insgesamt ergibt sich $P(6)$, wenn man sich mal das Baumdiagramm zum Versuch vorstellt, aus zwei Ästen: Kopf und 6 bzw. Zahl und 6: $P(6) = \frac{1}{2} \cdot \frac{1}{6} + \frac{1}{2} \cdot \frac{1}{6} = P_{Kopf}(6) = P_{Zahl}(6)$

---

[2]Übliche Symbolik der Mengenlehre, siehe Tafelwerk

Beim Münzwurf mit anschließendem Würfeln klappt das so, aber nicht bei allen Experimenten. Angenommen, wir haben zwei Schulklassen. In der einen sind zwölf Mädchen und acht Jungen und in der anderen sind zehn Mädchen und 13 Jungen. Das dazu gehörige Experiment lautet:

„Ein Münzwurf entscheidet aus welcher Klasse anschließend ein beliebiger Schüler gewählt werden soll." Es leuchtet ein, dass für die Wahrscheinlichkeit, mit der nach dem Münzwurf z.B. ein Mädchen gewählt wird, entscheidend ist, zu Gunsten welcher Klasse dieser ausging.

Fiel die Entscheidung im Münzwurf auf Klasse 1, ist die nachfolgende WSK für ein Mädchen $P_{Klasse1}(Maed.) = \frac{12}{20}$, bei Klasse 2 $P_{Klasse2}(Maed.) = \frac{13}{23}$. Insgesamt ist die Wahrscheinlichkeit für ein Mädchen $P(Maed.) = \frac{1}{2} \cdot \frac{12}{20} + \frac{1}{2} \cdot \frac{13}{23} = \frac{119}{230} \neq P_{Klasse1}(Maed.) \neq P_{Klasse2}(Maed.)$. „Klasse 1" und „Mädchen" sind also nicht stochastisch unabhängig. Gleiches gilt natürlich auch für „Klasse 2" und „Mädchen".

Wären A und B stochastisch unabhängig, dann müsste die Wahrscheinlichkeit des Eintretens von B genauso groß sein, wie die Wahrscheinlichkeit von B, unter der Bedingung, dass A bereits eingetreten ist. Ereignis A ist also hier ein sicheres Ereignis, da es eingetreten ist. Seine Wahrscheinlichkeit ist also nicht mehr irgendwas, sondern genau 1.

$P(A \cap B) = P(A) \cdot P(B)$ mit $P(A) = 1$ ergibt also $P(A \cap B) = P(B)$. Ist A eingetreten, muss ja für $P(A \cap B)$ nur noch Ereignis B folgen, was exakt der Bedeutung hinter der Symbolik $P_A(B)$ entspricht.

Die stochastische Unabhängigkeit zweier Ereignisse kann man also relativ leicht prüfen, wenn man die verschiedenen WSK kennt. Bzw. man kann die fehlende WSK recht einfach berechnen, wenn klar ist, dass die Ereignisse stochastisch unabhängig sind.

Zur Überprüfung der stochastischen Unabhängigkeit zweier Ereignisse A und B nutzt man den Ansatz

$$P_A(B) = P(B) \tag{3.1}$$

wobei sich $P(B)$, wie am Anfang des Abschnittes 3.1 gezeigt, ersetzen lässt:

$$P_A(B) = \frac{P(A \cap B)}{P(A)} \tag{3.2}$$

Liefert dies eine wahre Aussage, sind die Ereignisse **stochastisch unabhängig**.

3.2 „2 aus 7" oder „5 aus 7"?

Wie die Überschrift andeutet: Es geht hier für alle Neugierigen um die Frage, wieso $\binom{n}{k}$ das gleiche wie $\binom{n}{n-k}$ ergibt.

Aus Kapitel 2.3 wissen wir, dass $\binom{n}{k}$ eine Kombination ohne Zurücklegen symbolisiert. Wir bleiben zum Erklären gleich beim Beispiel $\binom{7}{5}$. Es werden z.B. fünf Kugeln aus einer Urne mit von sieben verschiedenen Kugeln gewählt – übrig bleiben zwei. Man kann also auch sagen, ich wähle zwei Kugeln, die ich nicht nehme sondern in der Urne liegen lasse.

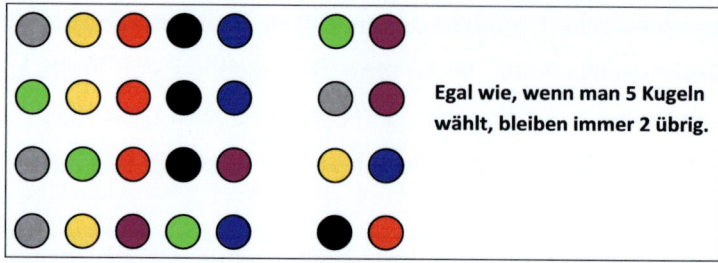

Abb. 3.1: Komplementärmengen – „5 aus 7" und „2 aus 7"

Es gibt also die gleiche Anzahl von Kombinationen C_7^2 wie C_7^5, also muss auch $\binom{7}{2}$ das gleiche Ergebnis liefern, wie $\binom{7}{5}$ sonst wären die Herleitungen in Kapitel 2.3 falsch. Verallgemeinernd kann man schlussfolgern:

$$\binom{n}{k} = \binom{n}{n-k} \tag{3.3}$$

Soviel zur rein logischen und praktischen Herangehensweise. Nun der mathematischere Beweis, wie man ihn aus der Schule kennt, ohne dass er den meisten ein tieferes Verständnis des Sachverhaltes lieferte:

$$\binom{n}{k} = \binom{n}{n-k}$$

$$\frac{n!}{(n-k)! \cdot k!} = \frac{n!}{[n-(n-k)]! \cdot (n-k)!} \tag{3.4}$$

$$\frac{n!}{(n-k)! \cdot k!} = \frac{n!}{k! \cdot (n-k)!} \qquad \rightarrow \text{wahre Aussage!} \tag{3.5}$$

3.3 Bernoulli-Kette/Binomialverteilung

Wie in Kapitel 1.3 bereits zu lesen war, hat ein Bernoulli-Experiment nur zwei Ausgänge A und $\overline{A}$ mit den dazu gehörigen Wahrscheinlichkeiten $P(A) = p$ und $P(\overline{A}) = 1 - p$. Führt man nun ein und denselben Bernoulli-Versuch mehrfach durch, so entsteht eine Kette aus diesen beiden Ereignissen, bei zehnmaliger Durchführung z.B.: $A\overline{A}AA\overline{AA}AAAA$.

Die Wahrscheinlichkeit dieser Ereigniskette berechnet sich über:

$$P\left(A\overline{A}AA\overline{AA}AAAA\right) = p \cdot (1-p) \cdot p \cdot p \cdots p = p^6 \cdot (1-p)^4$$

Man sieht, dass die Kette $AAAAAA\overline{AAAA}$ genau die gleiche Wahrscheinlichkeit besitzt, es also egal ist, wann welches Ereignis eintrat. $\rightarrow$ Logisch, denn die einzelnen Ereignisse sind unabhängig vom vorherigen Ausgang des Bernoulli-Versuches.

Für die Berechnung der Wahrscheinlichkeit einer bestimmten Kette muss man also nur wissen, wie oft Ereignis A eintrat und wie oft man das Experiment durchgeführt hat. Die Wahrscheinlichkeit für eine einzelne bestimmte Bernoulli-Kette – z.B. $A\overline{A}AA\overline{A}A$ – ergibt sich als:

$$P\left(k \cdot A; [n-k]\,\overline{A}\right) = p^k \cdot (1-p)^{n-k} \qquad (3.6)$$

n – Anzahl der Durchführungen
k – Anzahl der Ereignisse A

Interessiert mich nun nicht die Reihenfolge der Eintritte der Ereignisse, sondern nur, wie oft Ereignis A eintreten wird, so muss ich die Wahrscheinlichkeiten mehrerer identischer Pfade addieren. Diese Wahrscheinlichkeit symbolisiert $B(n; p; k)$. Um mir dies zu vereinfachen und kein Baumdiagramm malen zu müssen, kann ich mir mit Hilfe der in Kapitel 2 vermittelten Grundlagen zur Kombinatorik überlegen, wie viele günstige Äste denn mein Baumdiagramm liefern würde: Ich suche mir aus n Elementen, der ersten, zweiten, dritten bis n-ten Durchführung des Experimentes k Elemente heraus, denen ich das Ereignis A zuordne. Ich treffe also eine ungeordnete Auswahl. Es ist ja egal, ob ich erst der achten Durchführung das Ereignis A zuordne und dann der fünften und sechsten oder in umgekehrter Reihenfolge.

Ich kann dies auch mittels Urne veranschaulichen: Man stelle sich eine Urne vor mit n Kugeln, die von 1 bis n beschriftet sind. Ich ziehe k-mal und jeder gezogenen Kugel wird das Ereignis A zugeordnet. Ob ich hier erst Kugel 8, dann Kugel 5 und dann Kugel 6 ziehe ist egal, ich habe definitiv die Kugeln 5, 6 und 8 gezogen, in welcher Reihenfolge, interessiert nicht. Es handelt sich hierbei also um eine Kombination ohne Zurücklegen. Würde ich eine Kugel wieder in die Urne zurücklegen, könnte ich sie noch einmal ziehen und würde so z.B. der fünften Durchführung meines Experimentes „A oder $\overline{A}$" erneut ein Ereignis zuordnen können. Das ist so natürlich nicht beabsichtigt.

Ich erhalte also $\binom{n}{k}$ identische Teilwahrscheinlichkeiten, der günstigen Pfade im Baumdiagramm.

Die Wahrscheinlichkeit bei n-maliger Durchführung eines Bernoullie-Versuches genau k-mal das Ereignis mit der Wahrscheinlichkeit p zu erzielen, ist:

$$B(n;p;k) = \binom{n}{k} \cdot p^k \cdot (1-p)^{n-k} \qquad (3.7)$$

Man nennt die Wahrscheinlichkeiten für alle k von 0 bis n binomialverteilt, da es eben nur zwei mögliche Ereignisse (binomial: lat. etwa: „zweinamig") bei einem Bernoulli-Versuch gibt. Für sehr große n, bei denen der Grafiktaschenrechner nicht mehr in der Lage ist die Wahrscheinlichkeiten zu berechnen, nutzt man die Gauß'sche Glockenkurve, welche sich als Grenzfall der Binomialverteilung für unendlich kleine Ergebnisabstände ergibt, und den tabellierten Spezialfall der Standardnormalverteilung. Merh hierzu in Kapitel 4

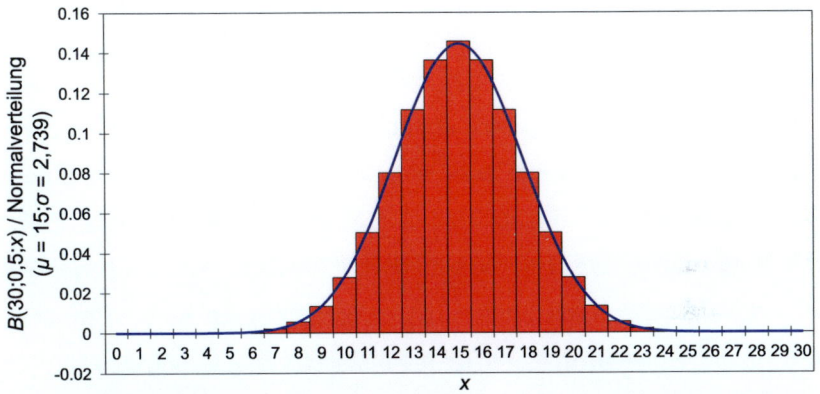

Abb. 3.2: Grenzfall der Binomialverteilung: Normalverteilung

3.4 Erwartungswert

Zunächst muss ich den Begriff der Zufallsgröße oder Zufallsvariable einführen.

> Die **Zufallsgröße** X, auch **Zufallsvariable** genannt, ordnet jedem Ergebnis eines Zufallsexperimentes eindeutig einen Wert zu.
>
> Sie ist also eine Funktion (eindeutige Zuordnung). Der ebenfalls gebräuchliche Begriff der Zufallsvariable ist leider etwas irre führend. So ist sie eben nicht variabel, sondern steht für jedes Experiment fest, bzw. wird festgelegt. Der Einzelwert, welcher dem i-ten Ergebnis zugeordnet wird, bezeichne ich nachfolgend mit x_i.

Das ist ja erst einmal wunderschön und stilistisch wertvoll, aber wofür brauche ich das? Ganz einfach: Zum Rechnen! Wir sind ja immer noch in der Mathematik (Hoffentlich bezweifeln Sie das mittlerweile nicht mehr.) und in der Mathematik wird gerechnet. Rechnen kann ich nur mit Zahlen. Weder mit „Kopf oder Zahl", noch mit „grün, gelb, rot und blau" oder mit „Bube, Dame, König, Ass" kann ich rechnerisch etwas anfangen.

Nun ergibt sich automatisch die nächste Frage: Was soll ich denn mit den möglichen Ergebnissen noch rechnen? Wenn ich eine 3 habe, habe ich eine 3 und wenn ich eine grüne Kugel ziehe, habe ich eben eine grüne. Die Wahrscheinlichkeiten kann man berechnen, aber was soll ich jetzt mit den Ergebnissen noch veranstalten? Eine Anwendung hierfür ist meistens das Glücksspiel:

(a) Maik und Stefan werfen eine Münze und immer, wenn Kopf fällt, bekommt Maik einen Euro von Stefan, bei Zahl bekommt Stefan einen Euro von Maik.

(b) Im Topf einer Losbude befinden sich 1000 Lose, 900 davon sind Nieten, eines ist der Hauptgewinn im Wert von $100 €$, der Rest kleine Gewinne im Wert von $5 €$. Einmal ziehen kostet $0,50 €$.

(c) Bei einem Brettspiel hat gewonnen, wer zuerst 50 Felder zurückgelegt hat. Würfelt man eine 1, darf man ein Feld vorrücken, bei einer 2 zwei... bei einer 6 sechs Felder. Wie oft muss man im Schnitt würfeln, um das Ziel zu erreichen? Wie weit kommt man durchschnittlich pro Wurf?

(d) Maik und Stefan werfen wieder einmal die Münze. Diesmal ist ihr total netter Kumpel Tony dabei und schlägt ein neues Spiel vor: Wenn Zahl fällt bekommen Maik und Tony einen Euro von Stefan, wenn Kopf fällt, bekommen Stefan und Tony einen Euro von Maik.

(e) Die drei Freunde treffen sich wieder zum Münzewerfen. Maik und Stefan haben beim letzten Mal viel Geld verloren und Tony hat sich inzwischen ein Auto gekauft. Weil Maik und Stefan schlechte Verlierer sind und Tony schleierhafte Konspirationstheorien vorjammern, schlägt er ein neues Spiel vor: Alles bleibt so wie beim letzten Mal, aber Tony zahlt vor jedem Münzwurf, je 0,25 € an Maik und Stefan. Die beiden sind begeistert, halten Tony für bescheuert und stimmen zu.

Man kann nun ein Spiel nach der Fairness beurteilen: Wird irgendeine der teilnehmenden Parteien von vornherein durch die Spielregeln benachteiligt, sodass sie zwar kurzfristig Glück haben und gewinnen kann, aber auf lange Sicht verlieren wird?

Die Fairness beurteilt man über den durchschnittlichen Gewinn pro Durchführung, den Erwartungswert dieses Zufallsexperimentes. Er stellt eine Art Mittelwert [3] dar. Im Folgenden möchte ich erläutern wie und warum er so berechnet wird.

Was kennen wir für gängige Mittelwerte? Wie berechnen Sie z.B. Ihren Notendurchschnitt in Mathematik? Eine Möglichkeit ist, alle Noten zu addieren und anschließend durch die Gesamtzahl zu teilen.

---

[3] Hier und auch in allen weiteren Absätzen und Kapiteln ist mit Mittelwert der arithmetische Mittelwert gemeint. Im allgemeinen Sprachgebrauch nutzt man das Wort „Mittelwert" ohnehin nicht anders.

$$\overline{N} = \frac{N_1 + N_2 + \cdots + N_n}{n} = \frac{1}{n} \cdot \sum_{i=1}^{n} N_i \qquad (3.8)$$

$\overline{N}$ – Notendurchschnitt, Mittelwert der Noten

N_i – i-te Einzelnote

n – Gesamtanzahl der Noten

i – Laufindex; $i \in \mathbb{N}$

Jede Note fällt hier gleich ins Gewicht und macht ein n-tel der Gesamtnote aus. Man könnte also auch sagen, alles Noten werden addiert und jeweils jeweils mit einem n-tel wichtet.

$$\overline{N} = \frac{1}{n} \cdot N_1 + \frac{1}{n} \cdot N_2 + \cdots + \frac{1}{n} \cdot N_n = \sum_{i=1}^{n} \left(\frac{1}{n} \cdot N_i \right) \qquad (3.9)$$

Nun kann es allerdings auch die Festlegung geben, dass jede Klausur doppelt zählt und eine sonstige Leistung (z.B. Leistungskontrolle oder Kurzarbeit, mündliche Leistung an der Tafel, eingesammelte Hausaufgabe usw.) nur einfach. Wie setzt man dies um?

Man tut so als wäre eine Klausur zweimal dieselbe Note.

$$\overline{N} = \sum_{i=1}^{k} \left(\frac{2}{2k+l} \cdot K_i \right) + \sum_{j=1}^{l} \left(\frac{1}{2k+l} \cdot L_i \right) \qquad (3.10)$$

K_i – i-te Klausurnote

L_j – Note der j-ten sonstigen Leistung

k – Anzahl der Klausuren

l – Anzahl sonstiger Leistungen

i, j – Laufindizes; $i \in \mathbb{N}$

In dieser Rechnung werden Klausuren mit $\frac{2}{2k+l}$ und sonstige Leistungen mit $\frac{1}{2k+l}$ gewichtet. Diverse Abarten, z.B. dass der Klausurblock 60% ausmacht und der Rest 40% kann man sich analog überlegen.

Eine andere Art der Mittelwertbildung ist die zeitliche, welche z.B. in der Physik und allen möglichen Statistiken sehr oft eine Rolle spielt. Welcher Strom fließt durchschnittlich in einer Leitung? Mit welcher Durchschnittsgeschwindigkeit war ich unterwegs? Wie viele Autos stehen durchschnittlich im Parkhaus? Wie viele Kunden befinden sich im Mittel im Supermarkt? Wie viele Leute stehen durchschnittlich vor dem Eifelturm und fotografieren diesen? Wie viele Atome prallen im Mittel pro Sekunde auf die Wand eines Behälters?

Widmen wir uns mal dem Beispiel des Parkhauses: Wie würde man hier den Mittelwert bilden? Alle Autos zählen, die Anzahl aufschreiben und wenn eines das Parkhaus verlässt oder hinein fährt, notiert man die neue Zahl. Anschließend wird addiert und durch die Anzahl der Zahlen geteilt. Wäre dieses Vorgehen sinnvoll?

In der Nacht vom Freitag zum Samstag stehen 1000 Autos im Parkhaus, früh 08.30 Uhr verlassen 500 das Parkhaus, um einkaufen zu fahren. 10.30 Uhr kehren sie wieder zurück und stehen bis Sonntag. Addiert man die Zahlen und teilt anschließend durch 2 erhielte man einen Mittelwert von 750 Autos. Dass die Zahl 500 nur für 2 h und die 1000 für 22 h galt, wird überhaupt nicht berücksichtigt. Sinnvoller wäre, die Zahlen mit ihrem Zeitanteil am Beobachtungszeitraum zu gewichten, oder damit sie als gleichwertig addiert werden können, eben alle zehn Minuten zählen gehen und das Ergebnis notieren. Jede Zahl stünde dann für zehn Minuten und man könnte so rechnen, wie vorgeschlagen. Eine andere Variante wäre:

$$\overline{N} = \frac{22}{24} \cdot 1000 + \frac{2}{24} \cdot 500 \qquad (3.11)$$

Wir sehen also einen deutlichen Unterschied zum Ergebnis des wenig sinnvollen ersten Versuches der Berechnung eines aussagekräftigen Mittelwertes.

Allgemein gilt hier analog zu dem Problem mit den Klausuren:

$$\overline{N} = \frac{t_1}{24\,\mathrm{h}} \cdot N_1 + \frac{t_2}{24\,\mathrm{h}} \cdot N_2 + \cdots + \frac{t_n}{24\,\mathrm{h}} \cdot N_n$$
$$= \sum_{i=1}^{n} \left(\frac{t_i}{24\,\mathrm{h}} \cdot N_i \right) \qquad (3.12)$$

$\overline{N}$ – mittlere Anzahl der Autos

N_i – i-ter Einzelwert

t_i – zum i-ten Wert gehörige Zeit in Stunden

i – Laufindex; $i \in \mathbb{N}$

Hier wird als Gewichtungsfaktor nicht 2 oder 1 genommen, wie bei de Klausur- und sonstigen Noten, sondern die Zeit t_i in welcher genau N_i Autos im Parkhaus standen.

In der Stochastik ist eine andere Art der Mittelung sinnvoll: Man gewichtet jeden zu einem Ergebnis gehörigen Wert x_i der Zufallsgröße mit dessen Eintrittswahrscheinlichkeit p_i. Diese repräsentiert, wie oft das zu x_i gehörende Ergebnis im Vergleich zur Anzahl der Durchführungen zu erwarten ist. Bei z.B. 1000 Münzwürfen, ist zu erwarten, dass 500mal Kopf und 500mal Zahl fällt, da beide gleichwahrscheinlich sind. Bei einer Durchführung ist eben rein rechnerisch genau je „ein halbes Mal" Kopf und Zahl zu erwarten. Genau über diesen Gedankengang rechnet man:

$$E(X) = \mu = p_1 \cdot x_1 + p_2 \cdot x_2 + \cdots + p_n \cdot x_n = \sum_{i=1}^{n} (p_i \cdot x_i) \quad (3.13)$$

$E(X); \mu$ – Erwartungswert von X

x_i – i-ter Einzelwert von X

p_i – Wahrscheinlichkeit von x_i

i – Laufindex; $i \in \mathbb{N}$

Der **Erwartungswert** $E(X)$ bzw. μ einer Zufallsgröße X ist der über die Eintrittswahrscheinlichkeiten gemittelter Durchschnittswert der Einzelwerte x_i.
Beim Glücksspiel spricht man von einem **fairen Spiel**, wenn der Erwartungswert genau 0 € ist. In diesem Fall ist keiner der Teilnehmer schon von vorn herein durch die Regeln und den Aufbau des Spieles benachteiligt oder bevorzugt.

Am auf Seite 30 genannten Beispiel b) berechnen wir mal den Erwartungswert für das Losen an dieser Losbude. Als erstes müssen wir dazu unsere Zufallsgröße definieren:

Wir legen X als den Betrag fest, den der Kunde für einmal spielen insgesamt gewinnt. Von seinem Gewinn muss also noch der Preis von 0,50 € für ein Los abgezogen werden.

$$X(Niete) = x_N = -0,50\,€$$

$$\rightarrow p_N = \frac{900}{1000} = 0,9$$

$$X(kleinerGewinn) = x_{kG} = 4,50\,€$$

$$\rightarrow p_{kG} = \frac{99}{1000} = 0,099$$

$$X(Hauptgewinne) = x_{HG} = 99,50\,€$$

$$\rightarrow p_{HG} = \frac{1}{1000} = 0,001$$

X – Gewinn des Kunden pro Spiel abzüglich des Lospreises

Und schon können wir losrechnen:

$$E(X) = \mu = 0.9 \cdot (-0.50\,€) + 0.099 \cdot (4.50\,€)$$
$$+\, 0.001 \cdot (99.50\,€)$$
$$= 0.095\,€ \tag{3.14}$$

Das Spiel ist also nicht fair, denn der Kunde gewinnt pro Spiel im Schnitt fast zehn Cent. An so einem Spiel sollte man also nur als Kunde und nicht als Losbudenbetreiber teilnehmen.

Hier haben wir übrigens gerade eine praktische Anwendung der Stochastik gefunden. Wenn Sie also später einmal mit dem Gedanken spielen, eine Losbude zu eröffnen, erinnern Sie sich bitte an die schöne bunte Welt der Stochastik zurück. Die Berechnung der Erwartungswerte der anderen zu Beginn des Kapitels genannten Beispiele a) und c) bis e) überlasse ich Ihnen als Übung.

3.5 Vier-Felder-Tafel

Die Vier-Felder-Tafel ist ein sehr schönes Hilfsmittel, um die Verknüpfung zweier Ereignisse zu erschließen. Waagerecht wird das Eintreten bzw. das Nicht-Eintreten von Ereignis A untersucht, senkrecht gleiches für Ereignis B.

Tab. 3.1: Vier-Felder-Tafel mit Häufigkeits- oder Ergebnissangaben

	A	$\overline{A}$	
B	$A \cap B$	$\overline{A} \cap B$	$\sum B$
$\overline{B}$	$A \cap \overline{B}$	$\overline{A} \cap \overline{B}$	$\sum \overline{B}$
	$\sum A$	$\sum \overline{A}$	$\sum$

Allgemein ist eine Vier-Felder-Tafel wie in Tab. 3.1 aufgebaut. In den vier Feldern können sowohl absolute als auch relative Häufigkeiten (s. Tab. 3.2, Wahrscheinlichkeiten oder zugehörige Ergebnisse stehen. Rechts steht die Summe der Zeilen und ganz unten die Summe der Spalten.

Tab. 3.2: Definition der Häufigkeitsbegriffe

Begriff	Erklärung
Absolute Häufigkeit $H(x)$	Anzahl der zu einem bestimmten Ereignis gehörenden Ausgänge eines Zufallsexperimentes
Relative Häufigkeit $h(x) = \frac{H(x)}{n}$	Anzahl der zu einem bestimmten Ereignis gehörenden Ausgänge eines Zufallsexperimentes bezogen auf die Anzahl n der Durchführungen dieses Experimentes

Denken sie an Kapitel 1.1 zurück, so fallen Ihnen hoffentlich einige Ähnlichkeiten zwischen Wahrscheinlichkeit und relativer Häufigkeit auf:

Tab. 3.3: Vergleich von WSK und relativer Häufigkeit

Begriff	Erklärung
Wahrscheinlichkeit	Relative Häufigkeit
$P(x) = \frac{\text{Anz. d. günst. Ergebnisse.}}{\text{Anz. d. mögl. Ergebnisse.}}$	$h(x) = \frac{\text{Anz. d. günst. Durchf.}}{\text{Anz. d. Durchführungen}}$
Die Summe aller WSK eines Experimentes ist 1.	Die Summe aller relativen Häufigkeiten einer Versuchsreihe ist 1.

Nun überlegen wir uns, was genau der Unterschied ist: Eine Größe entspringt theoretischen Überlegungen zu den Umständen (z.B. Anzahl der verschiedenen Kugeln in einer Urne), die andere der Beobachtung der Praxis (z.B. Strichliste über die Farbe der vorbeifahrenden Autos führen). Beide sind in der Lage, uns etwas über das Wesen des betrachteten Experimentes und das System dahinter zu verraten, um für nachfolgende Durchführungen Vorhersagen treffen zu können. Eine repräsentiert den stochastischen Weg, die andere den statistischen. Man könnte also etwas unwissenschaftlich sagen: „Die relative Häufigkeit ist die Wahrscheinlichkeit der Statistiker." → mehr zur Rolle der Statistik in Kapitel 4.2

In Summe muss bei relativen Häufigkeiten und Wahrscheinlichkeiten unten rechts immer 1 herauskommen, bei absoluten Häufigkeiten die Anzahl der Durchführungen und bei den zugehörigen Ergebnissen eben alle möglichen Ergebnisse. Im Folgenden sehen Sie dies am Beispiel des Würfelns erläutert:

A – gerade Zahl

B – Primzahl

(a) zugehörige Ergebnisse

Tab. 3.4: Beispiel einer Vier-Felder-Tafel mit zugehörigen Ergebnissen

	A	$\overline{A}$	
B	2	3; 5	2; 3; 5
$\overline{B}$	4; 6	1	1; 4; 6
	2; 4; 6	1; 3; 5	1; 2; 3; 4; 5; 6

Oben links in Tab. 3.4 sieht man, dass die 2 sowohl Primzahl als auch eine gerade Zahl ist. Rechts daneben ordnen sich 3 und 5 als ungerade Primzahlen ein. Gerade aber keine Primzahl sind 4 und 6. Zu guter Letzt unten rechts die 1, die weder Primzahl noch gerade sein möchte. Meist gibt man bei den zugehörigen Ergebnissen die rechte Spalte und die unterste Zeile mit den Summen der Zeilen und Spalten nicht mit an.

(b) Wahrscheinlichkeiten

Tab. 3.5: Beispiel einer Vier-Felder-Tafel mit zugehörigen WSK

	A	$\overline{A}$	
B	$\frac{1}{6}$	$\frac{2}{6}$	$\frac{1}{2}$
$\overline{B}$	$\frac{2}{6}$	$\frac{1}{6}$	$\frac{1}{2}$
	$\frac{1}{2}$	$\frac{1}{2}$	1

Aus der vorherigen Tabelle mit den günstigen Ergebnissen kann man, wie in Kapitel 1 gelernt, über die Anzahl der möglichen Ergebnisse auf die Wahrscheinlichkeiten schließen. Ich denke, das sollte kein Problem mehr darstellen. Man sieht, wie sich die Wahrscheinlichkeiten z.B. $P(A \cap B)$ und $P(A \cap \overline{B})$ zu $P(A)$ addieren. $P(B)$ und $P(\overline{B})$ ergeben zusammen 1, also folgt automatisch:

$$P(A \cap B) + P(A \cap \overline{B}) = P\left[(A \cap B) \cup (A \cap \overline{B})\right]$$
$$= P\left[A \cap (B \cup \overline{B})\right] = P(A \cap \Omega) = P(A) \qquad (3.15)$$

Ω – sicheres Ereignis

(c) Absolute Häufigkeiten

Tab. 3.6: Beispiel einer Vier-Felder-Tafel mit zugehörigen absoluten Häufigkeiten

	A	$\overline{A}$	
B	178	331	509
$\overline{B}$	320	171	491
	498	502	1000

Nach 1000maligem Würfeln könnte sich eine solche Tabelle ergeben, wenn wir über alle gewürfelten Zahlen Strichliste führen und die Summen am Ende entsprechend der Zuordnung von a) hübsch in unsere Vier-Felder-Tafel eintragen.

(d) Relative Häufigkeiten

Tab. 3.7: Beispiel einer Vier-Felder-Tafel mit zugehörigen relativen Häufigkeiten

	A	$\overline{A}$	
B	17,8 %	33,1 %	50,9 %
$\overline{B}$	32,0 %	17,1 %	49,1 %
	49,8 %	50,2 %	100 %

Wenn man nun die jeweiligen absoluten Häufigkeiten auf ihre Summe bezieht, gelangt man zur relativen Häufigkeit. Diese in Prozent anzugeben, ist kein Muss. Man kann auch einfach Dezimalzahlen oder Brüche schreiben. Dem geschulten Auge sollte auffallen, dass sich die relativen Häufigkeiten hier etwas von den berechneten Wahrscheinlichkeiten unterscheiden. In Kapitel 4.2 wird auf mögliche Gründe dafür eingegangen.

Beide Größen sind in ihrer Bedeutung recht ähnlich, jedoch sollte man immer im Hinterkopf haben: Die Wahrscheinlichkeit ist eine theoretische Größe, welche aus Überlegungen resultiert. Die relative Häufigkeit hingegen ist eine praktische Größe, welche sich aus tatsächlichen Versuchen und deren Ergebnissen ergibt. Auf das Zusammenwirken beider möchte ich gern im Kapitel 4.4 in einer Erläuterung der oft als schwierig empfundenen Tschebyschow'schen Ungleichung eingehen.

4 Grenzen der klassischen Betrachtung der Wahrscheinlichkeit

4.1 Einzelwahrscheinlichkeiten

Zur Wiederholung: Wie kommen wir eigentlich auf die dreiste Behauptung, dass die 6 beim Würfeln mit einer Wahrscheinlichkeit von 1/6 fällt? Unser gesunder Menschenverstand sagt uns:

1) Es gibt sechs mögliche Ausgänge, nämlich 1, 2, 3, 4, 5 und 6.

2) Es gibt keinen Grund, warum eine 3 wahrscheinlicher als eine 4 oder eine 5 wahrscheinlicher als eine 1 ist. Jede Zahl besitzt eine Seite des Würfels und diese sind gleich groß und der Würfel ist auch nicht schief oder sonst irgendwie verpfuscht oder manipuliert, was einen Zweifel an unserer Annahme rechtfertigen würde.

3) Insgesamt müssen die Wahrscheinlichkeiten aller möglichen Ergebnisse 1 ergeben. Die Ergebnisse teilen die Gesamtwahrscheinlichkeit also „gerecht" unter sich auf.

Die Wahrscheinlichkeit für eine 6 muss also 1/6 sein, sonst würden unsere ziemlich vernünftigen und schlauen Gedanken nicht aufgehen. (Ähnlich dachte wohl auch Laplace, s. 1.1)

Beim Würfeln, oder auch beim Ziehen aus einem Skat-Blatt ist es für uns also nicht besonders schwierig quantitative Aussagen zu treffen. Betrachten wir nun das Beispiel der Maschine, die 2 m lange Rohre fertigen soll:

Wollen wir hier Aussagen über das eintreten bestimmter Abmaße (das in 1.1 beschriebene Problem der Genauigkeit der Zahl, mal außen vor gelassen) treffen, gelingt uns das nicht. Wieso tun wir uns hier so schwer und beim Würfel ist alles klar? Genau! Im Gegensatz zur Maschine, die Rohre produziert, kennen wir beim Würfeln und Ziehen aus dem Skatblatt alle relevanten Umstände. Wir wissen, der Würfel hat sechs gleiche Seiten und eine davon muss fallen. Bei der Maschine wissen wir rein gar nichts, außer, dass es dem Besitzer lieb wäre, wenn 2 m lange Rohre herauskämen und sie so gebaut ist, dass das (mehr oder weniger) gut funktioniert.

Welche Instrumente gibt es nun, um irgendwie an diese uns nicht bekannten Informationen heranzukommen, sodass wenigstens einigermaßen gute Schlussfolgerungen für die Wahrscheinlichkeiten möglich sind? Die Statistik, der etwas praktischer veranlagte Bruder und Assistent der Stochastik, hilft uns.

4.2 Die Rolle der Statistik

Es soll ja Experten gegeben haben, die 24.000mal eine Münze warfen und Strichliste über die Ergebnisse führten (Karl Pearson). Er bekam 12012mal Zahl. (Darauf, ob es Kopf oder Zahl war, möchte ich mich nicht festlegen. Es geht ja nur ums Prinzip.)

Schön und gut, aber was nützt uns das? Sagt es, dass unsere Vermutung, dass 12000mal Kopf kommen müsste, Unsinn ist? Jain... Es kann uns Informationen über das System liefern (War die Münze vielleicht krumm, an einer Seite zusätzlich beschwert?) oder... es war eben einfach nur Zufall.

Ist die Abweichung denn so groß, dass man sich einbilden kann, daraus etwas ableiten zu müssen? Hätte er 40mal geworfen und achtmal Kopf und 32mal Zahl, so würde man sich schon Gedanken machen. Wenn man dann misstrauisch eine größere Probe ansetzt und diese mit 2000mal Kopf und 8000mal Zahl endet, dann liegt das wohl am System. Endet sie mit 4988 zu 5012, so wird das sicherlich Zufall sein und eine andere Probe gleichen Umfangs könnte durchaus auch genau andersherum enden.

Je größer eine Stichprobe, desto eher kann man sich erdreisten, dem System Abweichungen vom Ideal vorzuwerfen. Wer würde auf die Idee kommen, einmal zu würfeln, z.B. eine 3 zu bekommen und dann zu behaupten, dass dieser Würfel gezinkt ist und immer die 3 liefert? Ebenso nimmt mit steigendem Umfang, die Gewalt des „komischen Zufalls" ab. Umso öfter man eine ideale Münze wirft, desto mehr nähert sich die Ergebnisverteilung der idealen Verteilung. Dies nennt man das „Gesetz der Großen Zahlen", exakter: empirisches Gesetz der Großen Zahlen, da es zunächst durch Erfahrung gefunden aber nicht mathematisch nachgewiesen wurde (s. 4.5). Wenn man bei zehn Würfen vielleicht noch dreimal eine 3 hatte, also 30 % erreichte, so sind es bei 100 vielleicht nur 14 (14 %) und bei 1000 ist man mit 169 (16,9 %) schon ziemlich nahe am Idealwert.

Wenn man nun einen realen Würfel hat und dieser oft genug geworfen wird, kann man mit einer gewissen Berechtigung aus den Ergebnissen auf die zugrunde liegenden Wahrscheinlichkeiten schlussfolgern. Je öfter man geworfen hat, desto berechtigter.

Waren es nur 100 Würfe, kann man sagen: „Ich glaube, die 5 fällt mit 17,4 % Wahrscheinlichkeit.", während man bei 100.000 Durchführungen schon sagen würde: „Ich bin mir ziemlich sicher, dass die 5 mit 17,4 % Wahrscheinlichkeit fällt."

Auch die Sicherheit solcher Aussagen versieht die Statistik noch mit Wahrscheinlichkeiten. Nach dem Motto: "Wie wahrscheinlich ist, dass meine aus der Statistik gefundene Wahrscheinlichkeit mit der tatsächlich im System verwurzelten übereinstimmt?". Die Mathematiker haben sich zur Statistik so einiges einfallen lassen und da man, wie beschrieben, oft das System zu ungenau kennt um mit Wahrscheinlichkeiten zu rechnen, muss man mit dem Vorlieb nehmen, was die Statistiker aus ihren Untersuchungen ableiten. Ob bei Autoversicherungen, Krankenkassen, medizinischen Untersuchungen oder der Prozessoptimierung in der Halbleiterfertigung, Statistik ist weder graue Theorie noch schwarze Kunst, sondern alltäglich angewandte Wissenschaft und gängige Praxis.

„Traue keiner Statistik, die du nicht selber gefälscht hast!", ist ein Zitat, das jeder kennt. Es sollte in keinem Statistik-Buch fehlen und bringt u.a. zum Ausdruck, dass man beim Aufnehmen von Statistiken einiges beachten muss, damit die erhaltenen Ergebnisse auch wirklich repräsentativ sind. „Repräsentativ" heißt „stellvertretend", also dass z.B. die 1000 befragten Kunden eines Sportgeschäftes anteilig genauso antworteten wie es alle Kunden des Sportgeschäftes getan hätten. Wenn ich mit einer Stichprobe von 1000 Leuten herausfinden möchte, welcher Anteil der Deutschen katholisch ist, dann sollte ich diese Umfrage nicht in einer katholischen Kirche aber auch nicht in einer Moschee vornehmen. Die Gründe leuchten wohl ein. . .

4.3 Wahrscheinlichkeitsverteilung

Eine **Wahrscheinlichkeitsverteilung** gibt an, welchen Beitrag die einzelnen Ergebnisse über den gesamten Zahlenbereich von $-\infty$ bis $+\infty$ zur Gesamtwahrscheinlichkeit von 1 leisten. Man unterscheidet in *diskrete* und *stetige* Verteilungen.

Beim Würfeln ergibt sich eine diskrete Verteilung, wie Abb. 4.1 zeigt. Dargestellt wird die summierte Wahrscheinlichkeit aller Ergebnisse von $-\infty$ bis x. Man sieht, bis zur 1 kommt 0 heraus und mit dem ersten möglichen Ergebnis 1, springt die Funktion schlagartig auf 1/6, bleibt so und springt bei 2 auf 2/6 usw. Mit der 6 als letztes mögliches Ergebnis ist die Gesamtwahrscheinlichkeit von 1 erreicht und auch bis $+\infty$ ändert sich daran nichts mehr. „Diskret" meint „unterscheidbar, abzählbar" und deutet an, was diese Art der Verteilung ausmacht:

- Die möglichen Ergebnisse sind klar getrennt. Die 3 unterscheidet sich ganz klar von der 4 und die 1 ganz klar von der 5 usw.

- Die möglichen Ergebnisse sind abzählbar, hier genau sechs Stück, sodass Einzelwahrscheinlichkeiten klar zuzuordnen sind. Jeder kommt hier 1/6 zu. Bei einem Problem, wie der oben beschriebenen Rohrfertigung kann man schlecht sagen: „Auf das Ergebnis 2 m entfallen 25 % Wahrscheinlichkeit.". Es können nur Intervalle angegeben werden, aber dazu später mehr.

Diese summierte Wahrscheinlichkeit wird auch als $F(x)$, also wie eine Stammfunktion bezeichnet, denn dieses Aufsummieren von

$-\infty$ bis x hat man sich von der Analysis geliehen. Die Funktion, die dieser Stammfunktion zugrunde liegt, kann man mit ein wenig Verständnis aus der Analysis schon erahnen: unendlich schmale und unendlich hohe Spitzen über den sechs möglichen Ergebnissen, deren Flächeninhalt jeweils 1/6 sein muss.

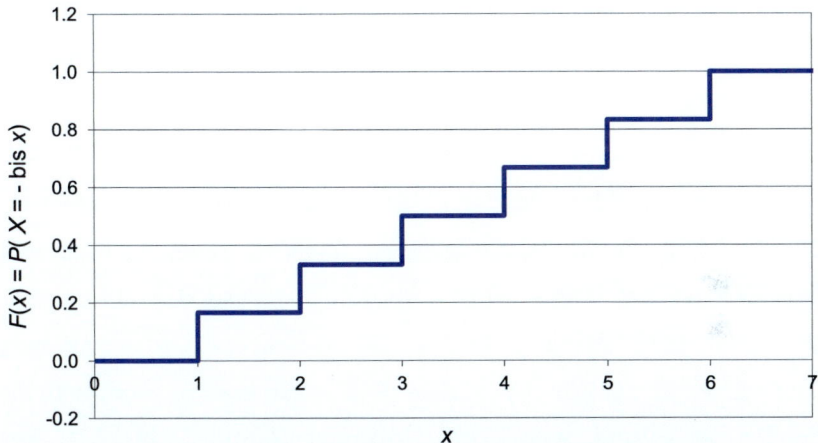

Abb. 4.1: diskrete WSK-Verteilung (Bsp. Würfeln)

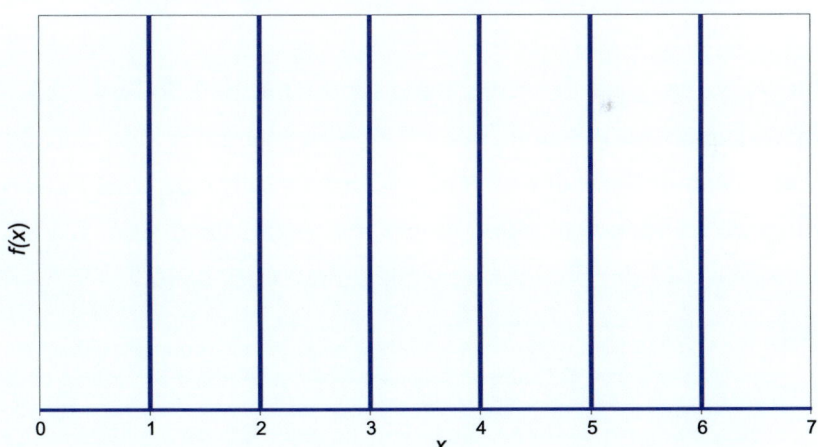

Abb. 4.2: diskrete WSK-Dichtefunktion (Bsp. Würfeln)

Wie etwas unendlich schmal, aber unendlich hoch sein kann, und dann auch noch einen zuordenbaren Flächeninhalt haben kann, mag sicher etwas verwunderlich erscheinen, aber ist eine Erkenntnis der Infinitesimalrechnung. Grenzwerte von Ausdrücken, in deren Zähler und Nenner ∞ oder 0 auftauchte und bei denen trotzdem eine Zahl herauskam, hat man ja schon mehrfach in der Analysis gebildet und genau dieses Prinzip steckt letztlich auch irgendwo hinter dieser Geschichte.

So weit, so gut. Ich hoffe, das Bisherige hat nicht zu sehr verwirrt. Nun widmen wir uns wieder unserem merkwürdigen Problem mit den Längen der Rohre. Hier liegt nun, so wird der aufmerksame Leser mitbekommen haben, keine diskrete Verteilung vor, sondern eben gerade der andere Fall – die stetige Wahrscheinlichkeitsverteilung, speziell die Normalverteilung (Abb. 4.3), auf deren Erläuterung wir hingearbeitet haben.[4].

Zu sehen ist, dass die Ergebnisse direkt um den Sollwert, auch Erwartungswert genannt, besonders wahrscheinlich sind und die Wahrscheinlichkeit der Ergebnisse mit Entfernung vom Erwartungswert abnehmen, jedoch nicht auszuschließend sind. Sie nähern sich also der Null an, erreichen diese aber nicht.[5]

---

[4]Bei sehr vielen praxisrelevanten Dingen wird eine Normalverteilung zugrunde gelegt, weil eben die im folgenden Text genannten Merkmale recht vernünftig sind und ihre Gültigkeit für den technischen Vorgang zu unterstellen, eine gewisse Berechtigung hat. Es gibt auch noch andere stetige Wahrscheinlichkeitsverteilungen, aber deren Erläuterung soll hier nicht Gegenstand sein, denn wir wollen ja ganz bescheiden bei grundlegenden Dingen bleiben, die für die Schule wichtig sind.

[5]In der Praxis wären natürlich Werte unter 0 oder Werte, die länger als der der Maschine zur Verfügung stehende Rohling auszuschließen und so haben wir hier mit einer Grenze zwischen mathematischem Modell und Realität zu leben.

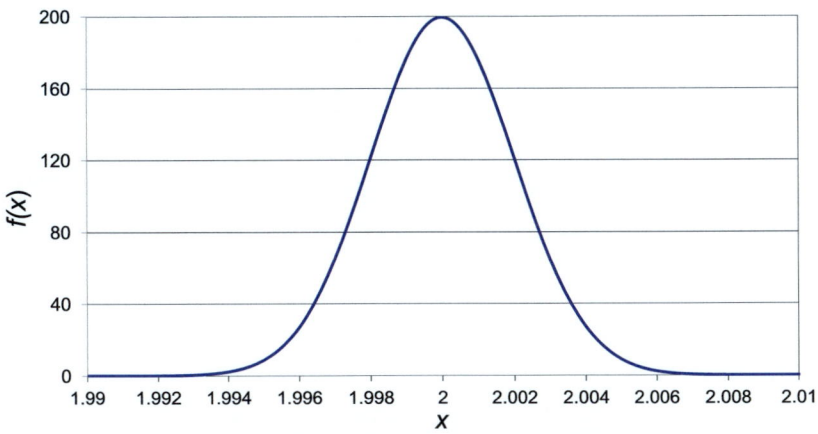

Abb. 4.3: stetige WSK-Verteilung

Diese Verteilung nennt man auch Normalverteilung, weil sie die eben genannten und uns vernünftig erscheinenden Merkmale besitzt. Nach ihrem „Erfinder", Carl Friedrich Gauß, wird sie auch **Gauß'sche Glockekurve** genannt. Sie stellt den Grenzfall der Binomialverteilung für unendlich genaue x-Werte (Ergebnisse) dar. Wenn man die Balken der Binomialverteilung also unendlich schmal wählt und ihre Oberkanten verbindet, kommt die Glockenkurve heraus (vgl. Abb. 3.2).

Schauen wir uns die dazu gehörige summierte Wahrscheinlichkeitsverteilung an, welche **kumulierte Normalverteilung** genannt wird. Typischerweise sehen solche Kurven genau so aus wie in Abb. 4.4 gezeigt. Der größte Anstieg ist da, wo in der Ableitung, also der Normalverteilung das Maximum der Wahrscheinlichkeitsdichte liegt. Auch das liegt mit Kenntnissen aus der Analysis auf der Hand. Da, wo die Wahrscheinlichkeitsdichte nahezu 0 ist, kommt auch zur Wahrscheinlichkeit nichts Merkliches dazu und ihr Wert bleibt nahezu konstant.

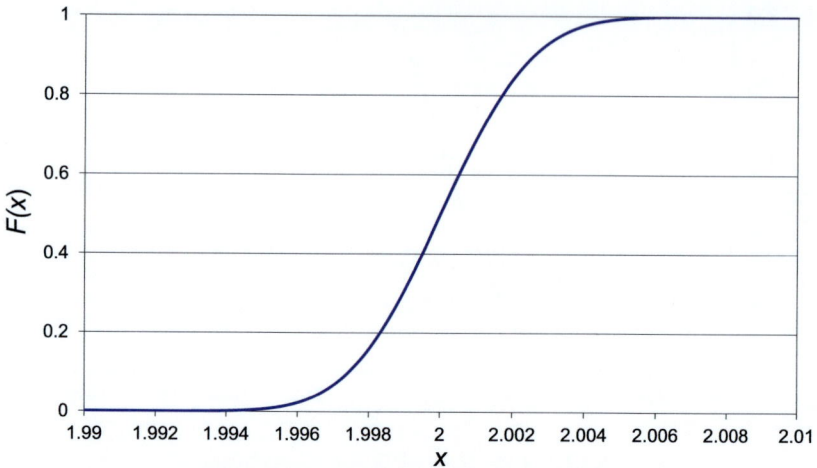

Abb. 4.4: stetige WSK-Verteilung

Die Normalverteilung wird durch folgende Formel definiert:

$$f(x) = \frac{1}{\sqrt{2\pi \cdot \sigma}} \cdot e^{-\frac{1}{2}\left(\frac{x-\mu}{\sigma}\right)} \tag{4.1}$$

σ – Standardabweichung

μ – Erwartungswert

e – Euler'sche Zahl

π – Kreiszahl

Größen wie die Standardabweichung beschreiben, wie genau die Maschine fertigt, d.h. wie häufig und wie stark die Rohrlängen vom Erwartungswert abweichen. Sie zieht die Glockenkurve breit und platt (große Standardabweichung) oder schnürt sie schmaler und länglicher (kleine Standardabweichung). Der Erwartungswert μ gibt an, wo sich das Maximum der Kurve befindet, d.h. welcher Bereich der Rohrlängen am wahrscheinlichsten ist. Wie die Kurve für unsere Maschine genau aussieht, ergibt sich aus einer Stichprobe und deren Auswertung über die Statistik. Der Flächeninhalt ist jedoch immer 1, egal, welche Werte sich für σ und μ ergeben, denn das hat sich der Herr Gauß genau so überlegt. Dass alle möglichen Ergebnisse zusammen 1 ergeben müssen, haben wir ja schon ganz am Anfang in Abschnitt 1.1 erörtert.

Zur Berechnung der Wahrscheinlichkeit für das Auftreten eines Ergebnisses in einem bestimmten Intervall muss man die Intervallgrenzen in die Formel der kumulierten Normalverteilung einsetzen:

$$P\left(x_1 \leq x \leq x_2\right) = \frac{1}{\sqrt{2\pi \cdot \sigma}} \cdot e^{-\frac{1}{2}\left(\frac{x-\mu}{\sigma}\right)} \qquad (4.2)$$

x_1, x_2 – linke, rechte Intervallgrenze

In der Oberstufe lernt man, wie man Wahrscheinlichkeiten aus tabellierten Werten gewinnt, dies soll deshalb hier nicht weiter Gegenstand sein. Dort wird die Normalverteilung standardisiert betrachtet ($\mu = 0$, $\sigma = 1$ und $x_1 = -\infty$) und die drei Unbekannten der realen Verteilung – Standardabweichung, Mittelwert und obere Integrationsgrenze – in einer Hilfsgröße t erfasst. Dieses t findet sich als Exponent der e-Funktion wieder.

$$t = \frac{x - \mu}{\sigma} \qquad \rightarrow \qquad \frac{\mathrm{d}t}{\mathrm{d}x} = t' = \frac{1}{\sigma} \qquad (4.3)$$

Da vor dem Integral ein Vielfaches der inneren Ableitung dieses Exponenten steht, ist die WSK nur von eben dieser Hilfsgröße t abhängig. Das σ verschwindet beim Integrieren. Sie kennen dieses Phänomen von der Integration durch lineare Substitution. Bei diesem Verfahren geht es um eine verkettete Funktion, deren innere Funktion linear ist und vor welcher die Ableitung dieser inneren Funktion steht.

Durch Symmetrieüberlegungen an der auf der y-Achse zentrierten Glockenkurve, kann man die Wahrscheinlichkeiten aller möglichen geforderten Intervalle ablesen. Wenn man einen leistungsfähigen Taschenrechner besitzt, schafft auch dieser es, die Funktion zu integrieren und man kann prüfen, ob das, was man der Tabelle entnommen hat, korrekt ist oder ob man sich vertan hat. In Kapitel 4.5 befindet sich am Ende bei der Berechnung von Akzeptanzgrenzen ein Beispiel einer solchen Symmetrieüberlegung an der Glockenkurve.

4.4 Tschebyschow-Ungleichung, Gesetz der großen Zahlen

Diese Ungleichung ist benannt nach ihrem Entdecker *Pafnuti Lwowitsch Tschebyschow* (in der Literatur finden sich auch die Schreibweisen „Tschebyschew" oder „Tschebyscheff"), einem bedeutenden russischen Mathematiker des 19. Jahrhunderts. Sie gibt bei bekanntem Erwartungswert und bekannter Standardabweichung eine Maximalwahrscheinlichkeit dafür an, dass ein Wert um einen beliebig festlegbaren Betrag c oder mehr vom Erwartungswert abweicht.

$$P\left(|X - \mu| \geq c\right) \leq \frac{\sigma^2}{c^2} \tag{4.4}$$

$|X - \mu| \geq c$ bedeutet: $X \leq \mu - c$ oder $X \leq \mu + c$

σ – Standardabweichung

μ – Erwartungswert

c – beliebig festlegbare reelle Zahl

Man kann sich dies wie folgt veranschaulichen:

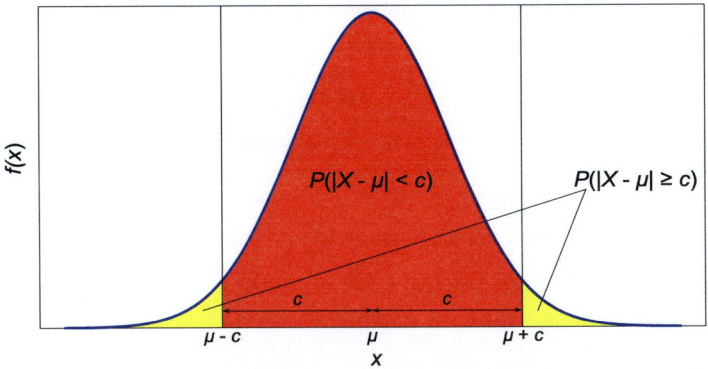

Abb. 4.5: Veranschaulichung der Tschebyschow-Ungleichung

Für das Gegenereignis $|X - \mu| < c$ ergibt sich somit eine Mindestwahrscheinlichkeit:

$$P\left(|X - \mu| < c\right) \geq 1 - \frac{\sigma^2}{c^2} \qquad (4.5)$$

Diese Ungleichungen erlauben keine Schlüsse auf einen exakten Wert jedoch die Abschätzung einer Mindest- oder Höchstgrenze. Eine Herleitung soll hier nicht gegeben werden. Es geht vielmehr darum, zu verstehen was sie ausdrückt und was uns das nützt.

Betrachtet man nun die relative Häufigkeit des Eintretens eines Ereignisses A als Zufallsgröße X, so entspricht deren Erwartungswert der tatsächlich zugrunde liegenden Wahrscheinlichkeit p. Die Realität in Form der relativen Häufigkeit stimmt vermutlich nicht immer mit der Theorie, nämlich der berechneten Wahrscheinlichkeit überein. Die Werte von h sollten eigentlich normalverteilt um p liegen. Wir kennen die genaue Verteilung natürlich nicht. Für Experimente, bei denen Abweichungen nach unten und nach oben zu erwarten sind und eine große Abweichung unwahrscheinlicher als eine kleine ist, nutzt man die Normalverteilung, wenn man keine besseren Informationen besitzt. Es gibt in der Statistik auch Verfahren, nachzuweisen, ob eine Normalverteilung angenommen werden darf und wie gut diese auf die Stichproben passt, aber das führt hier zu weit, sodass wir uns damit begnügen, dass unsere Annahme durchaus gerechtfertigt ist. Abb. 4.5 und die darüber stehende Formel gelten also auch hier. Wenn wir nun die Größen entsprechend unserer Definition für X einsetzen ergibt sich:

$$P\left(|h(A) - p| \geq c\right) \leq \frac{\sigma^2}{c^2} \tag{4.6}$$

$$P\left(|h(A) - p| < c\right) \geq 1 - \frac{\sigma^2}{c^2} \tag{4.7}$$

p – Eintrittswahrscheinlichkeit

$h(A)$ – relative Häufigkeit von Ereignis A nach n Durchführungen

Wir haben also eine Formel für die Wahrscheinlichkeit, dass $h(A)$ von p um mehr als einen bestimmten Wert abweicht. Das zugrunde liegende Experiment ist binomialverteilt, da nur betrachtet wird, ob ein Ergebnis der Wahrscheinlichkeit p, z.B. eine 6 beim Würfeln, eingetreten ist oder eben nicht. Für binomialverteilte Zufallsexperimente kann man σ angeben. Im Tafelwerk finden Sie folgende Formel:

$$\sigma^2 = n \cdot p \cdot (1 - p) \tag{4.8}$$

n – Anzahl der Durchführungen

Diese gilt aber für die absoluten Zahlenwerte, also die absolute Häufigkeit. Da die relative Häufigkeit nur um den Faktor $1/n$ korrigiert ist, muss man auch die Standardabweichung σ um diesen

Faktor korrigieren (σ^2 also um $1/n^2$), wenn man sich in der Welt der relativen Häufigkeiten bewegen möchte. Für unseren Fall gilt also:

$$\sigma^2 = \frac{p \cdot (1 - p)}{n} \tag{4.9}$$

Daraus ergibt sich nun das Gesetz der großen Zahlen:

$$P\left(|h(A) - p| \geq c\right) \leq \frac{p \cdot (1 - p)}{n \cdot c^2} \tag{4.10}$$

bzw.

$$P\left(|h(A) - p| < c\right) \geq 1 - \frac{p \cdot (1 - p)}{n \cdot c^2} \tag{4.11}$$

In Kapitel 4.2 war bereits die Rede vom Gesetz der großen Zahlen. Uns ist soeben eine mathematische Herleitung (zumindest für unsere Zwecke kann man es als solche betrachten) gelungen. Egal, welche Wahrscheinlichkeit zugrunde liegt und wie weit oder eng man das Intervall um die zugrunde liegende Wahrscheinlichkeit zieht, die Wahrscheinlichkeit, dass die relative Häufigkeit darin liegt, wächst mit steigendem Stichprobenumfang. Oder anders: Je häufiger ich ein Experiment durchführe, desto mehr nähert sich die relative Häufigkeit der tatsächlichen Wahrscheinlichkeit.

Der Ausdruck $p \cdot (1 - p)$ nimmt seinen Maximalwert für $p = 0,5$ an. Wer in der Analysis aufgepasst hat, kann dies ohne Probleme nachvollziehen:

$$f(p) = p \cdot (1 - p) = p - p^2 \tag{4.12}$$

Extremum gesucht:

$$f'(p_{max}) = 1 - 2p_{max} = 0 \qquad \rightarrow \underline{\underline{p_{max} = 0,5}} \qquad (4.13)$$

$$f''(p) = -2 \leq 0 \qquad \rightarrow \text{Maximum} \qquad (4.14)$$

Somit können wir unsere Aussage des Gesetzes der großen Zahlen noch erweitern und auch für unbekannte p eine Aussage treffen, die wenigstens als Abschätzung des „schlimmsten Falles" herhalten kann, wenn man einmal gar keine Informationen zum Sachverhalt kennt:

$$\boxed{P\left(|h(A) - p| \geq c\right) \leq \frac{p \cdot (1 - p)}{n \cdot c^2} \leq \frac{1}{4n \cdot c^2} \qquad (4.15)}$$

bzw.

$$\boxed{P\left(|h(A) - p| < c\right) \geq 1 - \frac{p \cdot (1 - p)}{n \cdot c^2} \geq 1 - \frac{1}{4n \cdot c^2} \qquad (4.16)}$$

Wenn ich also statistische Untersuchungen betreibe, kann ich über den Umfang der Stichprobe absichern, mit einer bestimmten Wahrscheinlichkeit beliebig nah an die tatsächlich zugrunde liegende Wahrscheinlichkeit heranzukommen. Ein Beispiel:

Ich möchte untersuchen, wie viele Schüler des aktuellen Abiturjahrgangs ein eigenes Auto besitzen. Die zugrunde liegende Wahrscheinlichkeit würde sich aus der Anzahl der Abiturienten in spe und der Anzahl der ein Auto besitzenden baldigen Abiturienten ergeben. Leider kenne ich diese nicht, möchte aber statistisch mit 95 %iger Wahrscheinlichkeit weniger als 0,01 von ihr entfernt sein.

$$P\left(|h(Auto) - p| < c\right) \geq 1 - \frac{1}{4n \cdot c^2} \qquad (4.17)$$

p ist unbekannt, $c = 0,01$

$$0.95 \geq 1 - \frac{1}{4n \cdot 0,01^2} \qquad (4.18)$$

$\rightarrow n \geq 50000$

Den Wert von $h(Auto)$ möchte ich anschließend mit einer Stichprobe vom Umfang n ermitteln.

Um also auf mit 95 % Sicherheit mit meiner relativen Häufigkeit in den Bereich von $\pm 0,01$ um die tatsächliche Wahrscheinlichkeit heranzukommen muss ich also 50000 Schüler des Abijahrgangs befragen. Wenn man mit großer Sicherheit sehr genau wissen möchte, was die zugrunde liegende Wahrscheinlichkeit ist, muss man eine sehr umfangreiche Stichprobe durchführen. In diesem Fall reicht es nicht aus, an der eigenen Schule Befragungen durchzuführen. Wenn ich nur 100 Schüler an der eigenen Schule befragen kann, so darf ich mit 95 % Sicherheit behaupten mit $h(Auto)$ innerhalb von $p \pm 0,05$ zu landen. Dies nachzuweisen, überlasse ich Ihnen als Übung.

In meinem Beispiel sind diese Spielereien natürlich sehr fern der Praxis, da es normalerweise davon abhängt, in welcher Gegend man diese Umfragen macht. So wird in einer Region mit hoher Arbeitslosigkeit die Anzahl der Autobesitzer im Abiturjahrgang wohl geringer sein als in einer Region, die für ihre hohe Millionärsdichte bekannt ist. Ich müsste meine Untersuchung somit auch an einem repräsentativen Gymnasium machen. Nur, wenn man weiß, dass es repräsentativ ist, so muss man nach Befragung aller betreffenden Schüler auch ganz genau p treffen.

Die hier und in der Sekundarstufe II genutzte Formulierung des Gesetzes der großen Zahlen gilt als eine Formulierung des **schwachen Gesetzes der großen Zahlen**:

$$\lim_{n\to\infty} P\left(|h(A) - p| < c\right) = 1 \qquad (4.19)$$

Die Wahrscheinlichkeit, dass eine Stichprobe eine relative Häufigkeit innerhalb eines Intervalls $p \pm c$ liefert, strebt für unendlich große n gegen 1.

Das **starke Gesetz der großen Zahlen** enthält ein wichtiges Kriterium der modernen Definition des Wahrscheinlichkeitsbegriffes: Die Konvergenz der relativen Häufigkeit für unendlich große Stichprobenumfänge gegen eben diese bestimmte Zahl, welche man als Wahrscheinlichkeit bezeichnet.

$$\lim_{n\to\infty} P\left(h(A) = p\right) = 1 \qquad (4.20)$$

Die Wahrscheinlichkeit ist der Wert, den die relative Häufigkeit bei unendlichem Umfang einer Stichprobe annimmt.

4.5 Hypothesentests

Eine Hypothese ist eine Annahme, die nicht zwangsläufig wahr sein muss, sondern eben nur einer Person bedarf, die sie aufstellt. Man kann z.B. behaupten, dass eine Münze mit 50 % WSK Kopf liefert, oder dass ein Würfel mit 25 % WSK eine 4 liefert oder dass jedes dritte Auto rot ist. Solch eine Behauptung lässt sich anschließend mittels einer Stichprobe testen. Man nutz eine Stichprobe, da man nicht unendlich oft würfeln kann, um so von der relativen Häufigkeit genau auf die Wahrscheinlichkeit schließen zu können. Auch alle Autos dieser Welt zu untersuchen, wäre ein zu großer Aufwand. Für den Test der Hypothese legt man sich einen Akzeptanz-Bereich fest, den die Stichprobe treffen muss, damit man die Hypothese als wahr anerkennt. Ich kann z.B. sagen, dass ich meine o.g. Hypothese zur Münze als bestätigt sehe, wenn bei zehn Würfen zwischen vier- und sechsmal Kopf kommt. Anderenfalls liegt mir die relative Häufigkeit zu weit von der angenommenen weg, sodass ich meiner Annahme keinen Glauben mehr schenken möchte.

Nun kann es vorkommen, dass nur dreimal Kopf fiel, obwohl meine Annahme zur Münze korrekt war. Wie groß ist die Wahrscheinlichkeit, dass dies passiert? Wir denken kurz an Kapitel 3.3 zurück und wissen: $B(10; 0, 5; 3) = 0,0342$.

Wir haben soeben eine Möglichkeit und deren Wahrscheinlichkeit gefunden, die Hypothese zu Unrecht abzulehnen. Akzeptiert werden nur vier-, fünf- oder sechsmal Kopf. Falls unsere Hypothese stimmt, so würden diese Akzeptanz-Fälle mit folgender Wahrscheinlichkeit eintreten:

H_0 – Nullhypothese, unsere zu prüfende Annahme ist wahr

$[4; 6]$ – das Akzeptanzintervall unserer Hypothese

x – Anzahl der gefallenen Köpfe

$$P\left(H_0 \cap [4 \leq x \leq 6]\right) = B\left(10; 0,5; 4\right) + B\left(10; 0,5; 5\right)$$
$$+ B\left(10; 0,5; 6\right)$$
$$P\left(H_0 \cap [4 \leq x \leq 6]\right) = 0,6563 \tag{4.21}$$

Wir würden bei dem gewählten Akzeptanzintervall nur mit etwa 66 %-iger Wahrscheinlichkeit die wahre Hypothese auch als wahr anerkennen. Unsere Irrtumswahrscheinlichkeit α liegt bei 34 %, was sehr unbefriedigend ist. Das Ablehnen einer eigentlich wahren Hypothese nennt man einen **Fehler 1. Art**.

Wir können uns behelfen, indem wir das Akzeptanzintervall verbreitern und bei einer Kopfanzahl zwischen einschließlich drei und sieben noch an unserer Hypothese festhalten. Die Wahrscheinlichkeit für das Ablehnen der wahren Hypothese sinkt dadurch auf 11 %, was schon brauchbarer klingt. Wir können uns also mit fast 90 % sicher sein, eine wahre Hypothese als solche zu erkennen.

Wir treiben es noch weiter und wollen mehr Sicherheit. Auch bei zwei und acht Köpfen lehnen wir H_0 nicht ab, was unsere Sicherheit auf etwa 98 % hebt. Das klingt doch mal nach einem richtig guten Test!

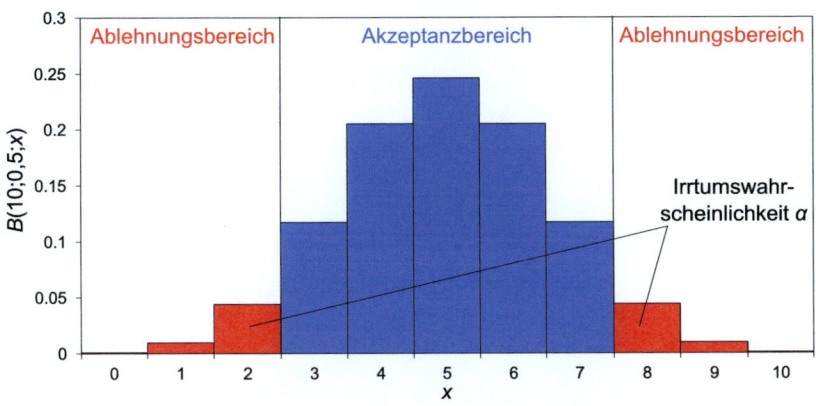

Abb. 4.6: Fehler 1. Art bei Akzeptanzintervall $[3; 7]$

Oder doch nicht? Was wäre, wenn die tatsächliche Wahrscheinlichkeit bei 0,2, also sehr weit von unserer angenommenen WSK entfernt läge? Auch dann könnten Ergebnisse auftreten, die in unserem Akzeptanzintervall liegen. Uns könnte der Fehler unterlaufen, eine falsche Hypothese H_0 als richtig anzuerkennen. Dies nennt man einen **Fehler 2. Art**. Umso breiter wir unser Akzeptanzintervall wählen, umso wahrscheinlicher ist, dass wir eine falsche Hypothese nach einer Stichprobe akzeptieren, weil wir eigentlich fast alle Werte x als Bestätigung auffassen. Sind wir doch mal ehrlich: Viele Werte bei denen wir nicht länger an H_0 glauben, haben wir gar nicht übrig gelassen. Schon in Abb. 4.6 ist die Anzahl der Ergebnisse, bei deren Eintritt wir unserer Annahme trauen, fast die Hälfte der überhaupt möglichen Ergebnisse.

Die Wahrscheinlichkeit eines Fehlers 2. Art β können wir auch sehr exakt berechnen, sofern uns jemand die tatsächliche WSK für Kopf verrät. Es ist die Wahrscheinlichkeit, mit der die tatsächliche Verteilung Werte innerhalb unseres Akzeptanzbereiches liefert:

$$P\left(\left[p=0,2\right]\cap\left[2\leq x\leq 8\right]\right)=B\left(10;0,2;2\right)+\cdots+B\left(10;0,2;8\right)$$
$$=0,6242 \qquad (4.22)$$

Wenn wir nun dieses Ergebnis sehen, merken wir, dass wir uns beim Reduzieren der WSK für einen Fehler 1. Art ganz schön ins Bein geschossen haben. Mit 62 % Wahrscheinlichkeit merken wir bei unserer Stichprobe nicht, dass falsch ist, obwohl die tatsächliche WSK für Kopf doch enorm von unserer Hypothese abweicht. Das wäre für einen Test in der Praxis absolut nicht hinnehmbar. Wenn wir einen so schlechten Test nutzen, dann können wir uns den Aufwand der Stichprobe sparen und einfach raten. Selbst wenn wir zurück auf einen Akzeptanzbereich von [3; 7] gehen, beträgt β noch rund 32 %. Abb. 4.7 veranschaulicht dies.

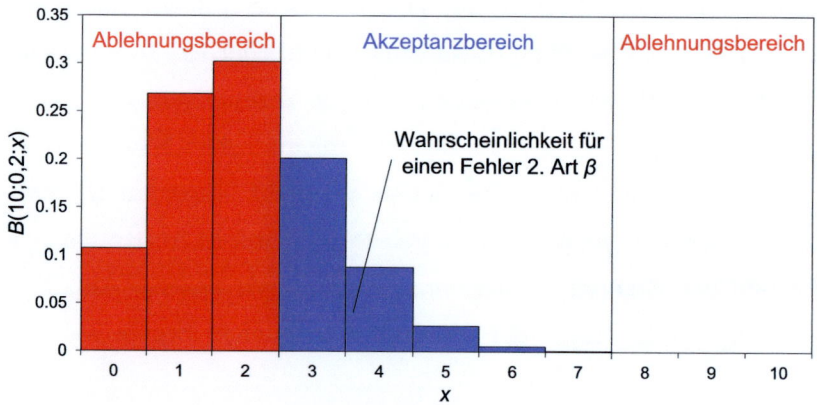

Abb. 4.7: Fehler 2. Art bei Akzeptanzintervall [3; 7]

Umso kleiner man α halten möchte, desto größer wird zwangsläufig β. Diese Problematik lässt sich über ausgeklügeltere Testverfahren beheben, was aber weiter in die Statistik hineinführt als es für unsere Zwecke erforderlich ist. Sich geeignete Tests für Annahmen zu überlegen ist sehr wichtig, wie das Beispiel mit dem enormen Fehler 2. Art zeigt.

Einen **Fehler 1. Art** begeht man, wenn man eine **richtige** Hypothese H_0 **ablehnt**.

Die Wahrscheinlichkeit für diesen Fehler bezeichnet man häufig als Irrtumswahrscheinlichkeit α. Sie hängt nur von der Hypothese und dem Akzeptanzintervall ab. Man kann auch umgekehrt von einem vorgegebenem α auf das zu verwendende Akzeptanzintervall schließen.

Einen **Fehler 2. Art** begeht man, wenn man eine **falsche** Hypothese H_0 als wahr **anerkennt**.

Die Wahrscheinlichkeit für diesen Fehler bezeichnet man häufig mit β. Sie lässt sich nicht berechnen, wenn man die tatsächliche Eintrittswahrscheinlichkeit des betrachteten Ereignisses nicht kennt. Würde man sie kennen, so bräuchte man keine Hypothese zu ihr aufstellen und somit auch nichts testen.

Bei größeren Stichprobenumfängen legt man keine Binomialverteilung sondern eine Normalverteilung zugrunde. Niemand wird ernsthaft versuchen, eine Annahme mit einer Stichprobe von zehn Versuchen zu verifizieren. Im Folgenden werde ich genau daran noch einmal die möglichen Fehler und deren Herkunft verdeutlichen.

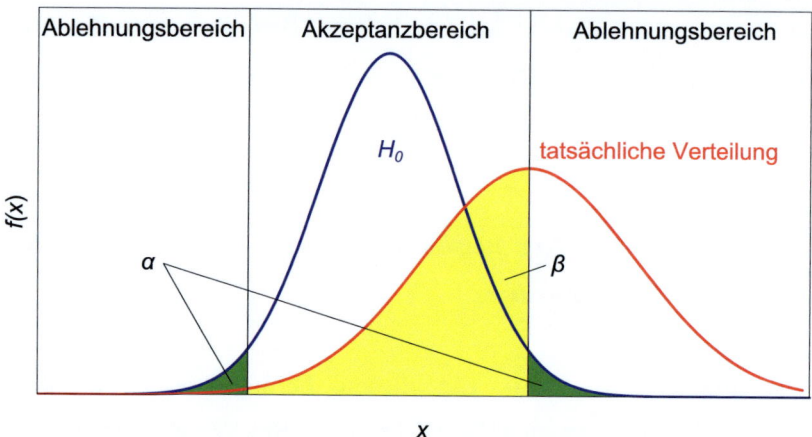

Abb. 4.8: Fehler 1. und 2. Art mit Normalverteilungen

Noch einige Bemerkungen zu beiden Fehlerarten: Den Fehler 1. Art kann man immer berechnen, da er nur von der Wahrscheinlichkeitsverteilung der Hypothese abhängt. Wählt man für einen einfachen Test eine geringe Irrtumswahrscheinlichkeit und daraus resultierend ein breites Akzeptanzintervall so vergrößert dies automatisch den Fehler 2. Art, egal, ob die tatsächliche Verteilung so liegt wie in Abb. 4.8 oder noch viel weiter rechts.

Der Fehler 2. Art ist nicht berechenbar, außer irgendein Hellseher[6] verrät einem, wie die Wahrheit aussieht. Weichen tatsächliche und angenommene Verteilung sehr stark voneinander ab und ist das Akzeptanzintervall sehr eng, so verringert dies die WKS des Fehlers 2. Art immens und er wird sehr unwahrscheinlich, nahezu unmöglich.[7] Stimmen Hypothese und tatsächliche Verteilung nahezu überein, so ist der Fehler 2. Art entsprechend sehr groß. Die

---

[6]Möglich ist auch, dass Ihr Mathelehrer an einem erdachten Fall prüfen möchte, ob Sie verstanden haben, was die Fehlerarten ausmacht.

[7]Sie können gern selbst einmal Skizzen mit verschiedenen angenommenen und tatsächlichen Verteilungen machen. Verschieben Sie z.B. die rote Kurve aus Abb. 4.8 einmal sehr weit nach rechts oder sehr weit in die blaue hinein. Auch das Akzeptanzintervall können Sie variieren.

Gebiete mit hoher WSK-Dichte überlappen einander so stark, dass man kaum eine Chance hat, herauszufinden, ob man falsch lag. Man müsste den Ablehnungsbereich derart vergrößern, dass schon bei geringsten Abweichungen vom Erwartungswert der Hypothese diese abzulehnen ist. Die Konsequenz dessen kennen Sie: Ein sehr großer Fehler 1. Art.

Wenn ich die Hypothese aufstelle, dass einem Zufallsexperiment eine Normalverteilung mit $\sigma = 2,3$ und $\mu = 50$ zugrunde liegt und ich möchte diese Annahme mit maximal 5 % Irrtumswahrscheinlichkeit prüfen, so komme ich über folgende Überlegungen an meine Vertrauensgrenzen:

Wir verwenden die Hilfsgröße t und die tabellierte Standardnormalverteilung, welche Symmetrisch um die y-Achse liegt. Rechts von unserem Vertrauensintervall müssen 2,5 % Irrtumswahrscheinlichkeit liegen und links davon ebenso. Durch Symmetrieüberlegungen weiß ich also, dass ich von $-\infty$ bis zur rechten Intervallgrenze integrieren kann und dort 97,5 % der gesamten WSK erreicht sein müssen. Ich schaue also im Tafelwerk bei 0,975 und finde $t = 1,96$.

$$t = \frac{(\mu + c) - \mu}{\sigma} = \frac{c}{\sigma} = 1,96 \qquad (4.23)$$

Aus der bekannten Standardabweichung lässt sich also c berechnen:

$$c = 1,96 \cdot 2,3 = 4,508 \qquad (4.24)$$

Da α maximal 5 % sein soll, muss ich immer aufrunden und so ergeben sich die Akzeptanzgrenzen von 45 und 55.

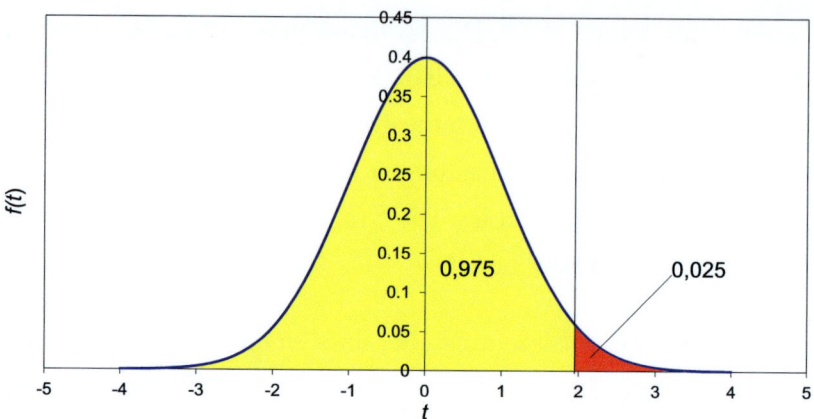

Abb. 4.9: Berechnung der Akzeptanzgrenzen mittels Standardnormalverteilung

Manchmal werden auch nur einseitige Tests durchgeführt, bei der α nur auf der rechten oder linken Seite zu suchen ist. Eine Frage könnte z.B. sein, ob die angesetzte WSK zu klein angenommen wurde. Solche Fragen stellt man, wenn eine Wahrscheinlichkeit p, die kleiner als dieser Wert ist, unkritisch wäre. Bei dieser Fragestellung müsste ich α nur rechts suchen, und bis 0,95 integrieren. Werte weiter links als angenommen wären ja völlig in Ordnung. Für t lesen wir in diesem Fall 1,645 aus der Tabelle ab und es ergibt sich eine rechte Akzeptanzgrenze von 54. Erst bei größeren Werten wird die Hypothese abgelehnt. Manchmal wird auch eine Hypothese der Art: „σ ist 2,3 und μ ist maximal 50", aufgestellt. Diese müsste ebenso mit einem einseitigen Test geprüft werden.

5 Ein Blick über den Tellerrand

Wie die Überschrift ankündigt, möchte ich meine Ausführungen mit einem Blick über den Tellerrand abschließen. Ich wage einen kleinen Exkurs in die Welt der Physik, der das fächerübergreifende Denken, den oft zitierten und so immens wichtigen Wissenstransfer einmal vorleben soll. Die „Physiker" unter Ihnen werden vielleicht einen neuen Blickwinkel kennenlernen. Ich verspreche, dass niemand sich überfordert fühlen wird und hoffe, dass sich auch die „Nicht-Physiker" unter Ihnen nicht von vornherein verschließen.

Zum Einstieg zwei Beispiele:

1) Was passiert, wenn man einen Tropfen rote Farbe in ein Glas Wasser gibt? Die Farbe verteilt sich nach einiger Zeit gleichmäßig im gesamten Glas und führt zu einem gleichmäßigen leichten Rotstich. Dies passiert auch, ohne dass jemand das Glas umrührt, während der Physik-Lehrer mal eben nicht hinsieht. Wieso aber passiert es? Was sorgt dafür?

2) In einem zweigeteilten Behälter befindet sich links Sauerstoff und rechts Stickstoff. Entferne ich die Trennwand, entsteht nach kurzer Zeit ein gleichmäßiges Gemisch beider Gase. Auch hier stellt sich die Frage, nach dem Grund. Es wirkt kein Überdruck, der das eine Gas in das andere hineinpresst oder alles „umrührt".

Ursache beider Beobachtungen ist die Diffusion: Stoffe vermischen sich, Konzentrationsunterschiede werden ausgeglichen, ohne dass man irgendwie auf das System einwirkt. Es existiert keine Kraft, wie die eines elektrischen oder magnetischen Feldes, auch die Gravitation oder irgendwelche wilden Kernkräfte. Das System unterliegt einzig und allein den Gesetzen der Stochastik!

Teilchen bewegen sich ständig, aber in alle Raumrichtungen gleichwahrscheinlich, sonst würden sich alle früher oder später an einer Stelle sammeln. Von den Sauerstoffatomen aus Beispiel 2) bewegt sich also auch ein Teil nach rechts, wo der Stickstoff ist. Aus dem Stickstoffgebiet kommt aber zunächst kein einziges Sauerstoffatom zurück. Dies hat den einfachen Grund, dass dort keine vorhanden sind, die zurückkommen könnten. Es bewegen sich in Sekunde 1 meinetwegen eine Million Teilchen ins Stickstoffgebiet (Die Physiker unter Ihnen wissen, dass diese Zahl nicht übertrieben groß, sondern eher klein im Vergleich zur Realität ist.), zurück jedoch keines. In Sekunde 2 bewegen sich nun verhältnismäßig etwas weniger Teilchen ins Stickstoffgebiet und da dort nun ein paar Teilchen sind, bewegen sich auch ein paar zurück. Allerdings eine verschwindende Menge gegenüber den Neuankömmlingen.

Wie man abschätzen kann, führt dies zu einem Konzentrationsausgleich, der am Anfang, also bei sehr großem Konzentrationsunterschied, einfach aufgrund der Wahrscheinlichkeit recht schnell und zum Ende hin langsamer verläuft. Nach vielen, vielen Sekunden sind rechts fast so viele Teilchen wie links und es gelangen gerade einmal fünf Teilchen mehr von links nach rechts als zurück. Immer noch wird ausgeglichen. Erst wenn gleich viele Teilchen überall im Raum sind, kompensieren sich Hin- und Rückstrom. Natürlich ruht der Stickstoff nicht, sondern treibt genau dasselbe

Spiel nur seitenverkehrt. Endergebnis ist ein gleichmäßiges Gasgemisch.

Für Beispiel 1) gilt exakt dasselbe: Die Farbe verteilt sich im Wasser und auch das Wasser in der Farbe. Wenn z.B. Physik-Ass Henning meint, umrühren zu müssen, beschleunigt er lediglich, was ohnehin passieren würde, ändert aber nichts am Ausgang des Experimentes. Ein Entmischen zu provozieren würde ihm hingegen größere Schwierigkeiten bereiten...

Dieses Phänomen ist auch Ursache dafür, dass Gase stets den gesamten ihnen zur Verfügung stehenden Raum einnehmen. Da wo viele Gasteilchen sind können viele verschwinden, von da wo wenige sind, kommen aber kaum welche zurück. Habe ich ein Gefäß wie in Beispiel 2) links mit Sauerstoff gefüllt, rechts komplett leer (nahe am Vakuum) und ich entferne die Trennwand, so befinden sich nach recht kurzer Zeit überall gleich viele Teilchen. Die Physiker sprechen hier von einem Druckausgleich und das ist natürlich auch korrekt. Dieser Druckausgleich geht schneller vonstatten als die Vermischung von Sauerstoff und Stickstoff, weil diese Gase sich gegenseitig etwas behindern.

Um dies zu erklären, muss ich Sie noch einen Schritt weiter in die bunte Welt der Physik entführen: Druck resultiert aus den Stößen der sich bewegenden Teilchen mit den Wänden eines Gefäßes. Die Teilchen übertragen pro Zeiteinheit eine gewisse Anzahl von kleinen Impulsen auf die Wand, welche man als Kraft wahrnimmt. Je größer diese Fläche, desto größer die Anzahl der übertragenen Impulse und desto größer die Kraft. Da die wahrgenommene Kraft somit proportional zur Fläche ist, setzt man sie zu dieser ins Verhältnis und nennt diese Größe Druck. Die Teilchen stoßen ständig miteinander und jedes Teilchen ändert mit jedem Stoß seine Richtung. Die Stickstoffteilchen stoßen somit auch mit den Sauerstoffteilchen zusammen, die nach rechts wollen, sodass diese teilweise zurückgeschubst werden und nicht so schnell nach rechts gelangen wie dies im Vakuum der Fall wäre.

Eine weitere Auswirkung, die ich hier kurz beschreiben möchte, ist die Wärmeleitung. Temperatur ist eine Größe, die angibt, welche Energie in den Teilchen eines Stoffes steckt. Ein warmes Gas besteht aus Teilchen, welche große Bewegungsenergie besitzen, also im Durchschnitt schneller im Raum herumschwirren als es bei niedrigerer Temperatur der Fall wäre. Auch in Flüssigkeiten ist die Temperatur ein Maß für die Bewegungsenergie der Teilchen, welche sich aber weniger unabhängig von einander bewegen können als im Gas. Im Feststoff sind die Teilchen recht fest aneinander, d.h. in ihrem Gitterverband gebunden. Die Bewegungsenergie der Teilchen steckt hier in Gitterschwingungen und in der Bewegungsenergie der freien Außenelektronen, sofern welche vorhanden sind. Wir wissen nun also zwei entscheidende Dinge:

- Mit größerer Temperatur steckt mehr Bewegungsenergie in den Teilchen eines Stoffes, egal ob Gas, Flüssigkeit oder Feststoff. In der Physik spricht man daher von der Thermodynamik → Temperatur und Bewegungsenergie.

- Aus dem vorherigen Absatz wissen wir, dass die Teilchen ständig wechselwirken, z.B. gegeneinander stoßen, eben weil sich ihre Wege gerade kreuzten.

Nehmen wir wieder einmal unseren zweigeteilten Behälter als Beispiel und füllen links warmes und recht kaltes Gas hinein.

Nun entfernen wir die Trennwand und wieder beginnen sich die Teilchen zu vermischen. Aber nicht nur das, durch die Stöße übertragen sie auch Energie untereinander und Bewegungsenergie ist stellvertretend für die Temperatur. Die Teilchen müssen sich also nicht wirklich vermischen, es reicht, wenn die Teilchen links einen Teil ihrer Bewegungsenergie an die Teilchen rechts abgeben. Auch dies führt zu einem Ausgleich, da die Teilchen rechts bei Stößen im Schnitt mehr Energie abgeben, als ihnen aufgrund des Energiemangels der linken Seite wieder zurückgegeben wird. Sowohl das Vermischen als auch der Energieaustausch unterliegen den Gesetzen der Stochastik und führen beide dazu, dass links und rechts gleich viele im Mittel gleichschnelle Teilchen vorhanden sind. Auf beiden Seiten haben die Gasteilchen gleiche Bewegungsenergien also gleiche Temperaturen. Die übertragene Energie kennt man im allgemeinen Sprachgebrauch als Wärme.

In einer Metallstange verhalten sich die Außenelektronen ähnlich den frei beweglichen Teilchen eines Gases (in der Physik nutzt man ein Modell des „Freien Elektronengases"). Somit findet ein Teil der Wärmeleitung im Festkörper durch sie genau so statt wie man es in einem Gas beobachtet. Der andere Teil der Bewegungsenergie steckt in den Schwingungen des Gitters. „Die Atome schwingen um ihre Ruhelage.", hat man in der Sekundarstufe I schon relativ zeitig gelernt. Ist ein Festkörper links wärmer, so schwingen dort die Teilchen stärker als auf der rechten Seite. Auch hier findet ständig ein Energieaustausch der Teilchen statt. Die Bewegung der rechten Seite lässt auch auf der linken Seite das Gitter mitschwingen, andersherum kommt jedoch wenig „Schwung" zurück, weil auf der kalten Seite kaum Bewegung im Gitter ist. Wieder ist die Wahrscheinlichkeit, dass insgesamt mehr Energie nach rechts übertragen wird als umgekehrt, größer.

Die Physiker beschreiben die Diffusion und die Wärmeleitung in zwei Gesetzen mit identischer Struktur. Aufgrund der soeben getätigten Überlegungen sollte uns das nicht sonderlich verwundern.

$$\frac{\mathrm{d}n}{A \cdot \mathrm{d}t} = -D \cdot \frac{\mathrm{d}c}{\mathrm{d}x} \qquad (5.1)$$

$\rightarrow$ *1. Fick'sches Gesetz*

n – in x-Richtung strömende Stoffmenge

A – durchströmte Querschnittsfläche

t – Zeit

D – Diffusionskoeffizient (stoffabhängig)

c – Konzentration des strömenden Stoffes

x – Weg

Der Teilchenstrom, d.h. wie viele Teilchen pro Zeiteinheit durch einen bestimmten Querschnitt fließen, hängt vom Konzentrationsunterschied in Strömungsrichtung ab. Befinden sich bei x_1 sehr viel weniger Teilchen als bei x_2, so setzt ein Teilchenstrom von x_1 nach x_2 ein. Der Teilchenstrom ist dem Konzentrationsgefälle entgegengesetzt gerichtet, daher das Minus auf der rechten Seite. Der Diffusionskoeffizient ist eine Konstante, die von der Beweglichkeit der strömenden Teilchen abhängt und meist über Experimente herausgefunden wird, da sie nicht einfach so aus Überlegungen gewonnen werden kann. Man weiß aber, dass die Teilchen bei höheren Temperaturen mehr Bewegungsenergie besitzen, d.h. sich im Mittel schneller bewegen, was eine schnellere Diffusion bewirkt.

Für die Wärmeleitung nutzt man folgende Beziehung:

$$\frac{\mathrm{d}Q}{A \cdot \mathrm{d}t} = -\lambda \cdot \frac{\mathrm{d}T}{\mathrm{d}x} \qquad (5.2)$$

Q – Wärme

A – durchströmte Querschnittsfläche

t – Zeit

λ – Wärmeleitungskoeffizient (stoffabhängig)

T – Temperatur

x – Weg

Ich denke, die Analogien beider Gesetze sehen Sie. Während bei der Diffusion ein Konzentrationsgradient[8] die Triebkraft darstellt, so übernimmt bei der Wärmeleitung ein Temperaturgefälle diese Rolle.

---

[8]Ein Gradient ist ein Unterschied über einen betrachteten Weg, bzw. ein Gefälle in eine Raumrichtung. Hier wurde der Einfachheit halber nur die x-Richtung betrachtet. In den Gleichungen habe ich keine Differenzialschreibweise mit $\frac{\Delta c}{\Delta x}$ genutzt, sondern die allgemeinere Differenzialschreibweise. Kennt man eine Funktion $c = f(x)$, die den Verlauf der Konzentration in x-Richtung beschreibt, leitet diese nach x ab und stellt fest, dass die Ableitung nicht 0 ist, bedeutet dies, dass sich c in x-Richtung ändert. Es existiert ein Konzentrationsgradient in x-Richtung. Eine noch allgemeinere Beschreibung würde auch mögliche Konzentrationsgefälle in andere Raumrichtungen, d.h. in y- und z-Richtung betrachten. Dies würde die Gleichung mit einer Symbolik versehen, die vermutlich keinem in der Sekundarstufe II geläufig ist und die Anschaulichkeit des Sachverhaltes deutlich verschlechtern. Ich habe also den Mittelweg zwischen Exaktheit und mathematischer Verständlichkeit gewählt. Die Kenntnisse aus der Analysis sollten genügen, um den Inhalt der Gleichungen zu verstehen.

6 Übungsaufgaben

Dieses Kapitel widmet sich der Überprüfung und Festigung der vermittelten Inhalte. Während Ihnen Teil 1.1 und 1.2 wohl vergleichsweise leicht von der Hand gehen werden, hoffe ich, Sie in Kapitel 2 spätestens gegen Ende so zu fordern, dass ich das Kapitel 7 mit den Lösungen nicht umsonst geschrieben habe. Sie sind gern eingeladen, die Lösungswege zu allen Aufgaben dort nachzuvollziehen. Geben Sie nur nicht zu leicht auf, denn auch vergebliches Grübeln ist keine schlechte Übung. Außerdem gibt es doch nichts Schöneres als die Früchte der eigenen Arbeit ernten zu können – im Bewusstsein „Ja, das war 'ne kniffelige Sache, aber das habe ich ganz allein rausbekommen!".

Diese Aufgabensammlung ist im Vergleich zu denen gängiger Lehrbücher recht kurz. Meine Aufgaben sollen auch nicht dem ausschweifenden Üben eines Kapitels vor einer Klausur dienen, sondern lediglich den didaktischen Wert der zugehörigen Kapitel stützen, indem sie Vermitteltes an verschiedenen Beispielen veranschaulichen. Ich habe versucht unterschiedliche Blickwinkel und Spezialfälle zu streifen, damit Ihnen die Tragweite verschiedener Anwendungen klarer wird.

6.1 Zu 1.1

1) Einmaliges Würfeln: Wir groß ist die Wahrscheinlichkeit, eine Primzahl zu würfeln?

2) Einmaliges Würfeln: Wir groß ist die Wahrscheinlichkeit, eine ungerade Primzahl zu würfeln?

3) Wie groß ist die Wahrscheinlichkeit, eine Eichel-Karte aus einem Skatblatt zu ziehen?

4) Der Lehrer ruft zur mündlichen Leistungskontrolle beliebig jemanden aus der Klasse auf. 13 Mädchen und 15 Jungen befinden sich in der Klasse. Wie groß ist die Wahrscheinlichkeit, dass ein Junge ausgewählt wird?

6.2 Zu 1.2

5) Wie groß ist die Wahrscheinlichkeit, zweimal in Folge mit Zurücklegen einen König aus einem Skatblatt zu ziehen? Zeichnen Sie ein dazugehöriges Baumdiagramm!

6) Mit welcher Wahrscheinlichkeit wirft man bei zweimaligem Münzwurf mindestens einmal Kopf? Zeichnen Sie ein dazugehöriges Baumdiagramm!

7) Wie wahrscheinlich ist es, dass man bei dreimaligem Würfeln genau zwei 6en erhält? Zeichnen Sie ein dazugehöriges Baumdiagramm!

8) Mit welcher Wahrscheinlichkeit erhält man bei dreimaligem Ziehen ohne Zurücklegen aus einem Skatblatt nur Buben? Zeichnen Sie ein dazugehöriges Baumdiagramm!

9) Sie wollen einmal würfeln und anschließend eine Münze werfen. Wie groß ist die Wahrscheinlichkeit, eine 6 und Kopf oder keine 6 und Zahl zu erhalten? Zeichnen Sie auch hier ein dazu gehöriges Baumdiagramm!

6.3 Zu 1.3

Entscheiden Sie, ob es sich bei folgenden Experimenten um ein Laplace-Experiment, ein Bernoulli-Experiment, beides oder keines von beiden handelt!

10) Einmaliges Würfeln: Primzahl oder keine Primzahl?

11) Einmaliges Würfeln: 6 oder keine 6?

12) Einmaliger Münzwurf: Kopf oder Zahl?

13) Der Lehrer lost aus, wer zur mündlichen Leistungskontrolle an die Tafel muss? Welchen der 21 Schüler wird es erwischen?

14) Einmaliges Ziehen aus einer Urne mit vier gelben, drei roten und zwölf schwarzen Kugeln: Welche Farbe hat die gezogene Kugel?

15) Einmaliges Würfeln: 1, 2, 3, 4, 5 oder 6?

6.4 Zu 2.1 – 2.3

Ich habe im Folgenden Übungsabschnitt bewusst keine Untergliederung in 2.1, 2.2 usw. vorgenommen. In Lehrbüchern stehen oft unter einer Überschrift, z.B. „Permutation ohne Zurücklegen" viele Übungsaufgaben, bei denen dann logischerweise einzig und allein diese eine Formel von Belang ist. Ob der Schüler nun verstanden hat, warum der geschilderte Sachverhalt tatsächlich eine Permutation ohne Zurücklegen darstellt, ist zur Lösung der Aufgabe völlig gleich. Eigentlich hat der Schüler fast keine Chance, die Übung falsch zu lösen, weil ihm schon alle Entscheidungen abgenommen wurden. In der Schul-Stochastik wird (verglichen mit der Analysis, der Vektorrechnung oder der Algebra) in der Regel nicht viel gerechnet. Die größte Leistung ist, den Sachverhalt zu verstehen und einzuordnen, danach folgt meist nur noch einfaches Handwerk und man ist fertig. Ich bin alles andere als ein Fan dieser Methodik und nicht Willens, Ihnen die denkerische Leistung abzunehmen und dadurch die Übung zu einer simplen Schreibübung zu degradieren.[9]

16) Wie viele verschiedene Möglichkeiten gibt es beim Lotto (6 aus 49)? Wie groß ist die Wahrscheinlichkeit, einen Sechser zu bekommen?

17) Sie sammeln Spielzeugautos und wollen nun Ihre Sammlung

---

[9]In Lehrbüchern dient die Unterteilung sicherlich dazu, dem Lehrer zu zeigen, wo er eine entsprechende Aufgabe findet. Jedoch zweifle ich persönlich den didaktischen Nutzen einer Trennung an und befürchte ein abgestumpftes, automatisiertes „Formelgeschmeiße" ohne Sinn und Verstand. Meine, wenn auch noch geringe, Erfahrung, hat mich da sehr gebrandmarkt. Auch an der Hochschule begegneten mir solche Phänomene leider immer noch. So antwortete ein Kommilitone mit perfektem Abitur meinem Professor für Physikalische Chemie auf dessen Frage nach einer Begründung: „Wat weeß ick, wieso ick dit hier so mache?! Ick mach dit einfach und denn is dit so!". Solches „Wissen" hält für gewöhnlich nicht sehr lang und nützt einem vielleicht in der nächsten Prüfung etwas, aber danach wird es wie ein aufgesagtes Gedicht wieder vergessen und hat den eigentlichen Zweck seines Erwerbs verfehlt. So kann eine würfelförmige Probe vom Volumen $10\,cm^3$ auch mal einen mittleren Porendurchmesser von $3{,}2\,cm$ haben, ohne, dass der Verfasser dieser Rechnung zu zweifeln beginnt, warum die Pore größer ist als die Probe.

„Non vitae, sed scholae discimus.", kritisierte einst Seneca den Missstand, dass für die Schule, statt für das Leben gelernt würde. Sicher muss man sich in seiner Lernstrategie dem System anpassen und sich mangels Zeit vor einigen Prüfungen den Stoff einfach auch mal nur in den „Kopf pressen". Ich bitte Sie aber, dies nicht zur Ihrem ständigen Begleiter und Allheilmittel werden zu lassen. So etwas kann man sicherlich in einem unwichtigen Nebenfach machen, aber in Grundlagenfächern baut man damit auf ein sehr wackeliges Fundament.

von 27 verschiedenen Autos in einer Reihe auf Ihrem Regal platzieren. Wie viele Möglichkeiten, diese anzuordnen, haben sie?

18) Wie viele verschiedene Zahlencodes könnte ein etwas außergewöhnlicheres Fahrradschloss mit sechs Ziffernrädchen, jeweils von 1 bis 8, besitzen?

19) Ihr Gymnasium besitzt 40 Parkplätze für die 40 Lehrer. Wie viele Möglichkeiten, die Lehrerautos anzuordnen, gibt es?

20) Ihre Mathelehrerin ist krank, was sie natürlich erst einmal sehr freut. Ihre Freude ist jedoch nur von kurzer Dauern, denn Sie lässt Ihnen vom Direktor die folgende Aufgabe übermitteln: „Wie viele Anordnungsmöglichkeiten der Lehrerautos auf dem Schulparkplatz gibt es heute?".

21) Im Zuge der längst fälligen Bildungsinitiative sind an Ihrer Schule drei weitere Lehrer eingestellt worden (Ihre Mathelehrerin ist natürlich auch längst wieder wohl behalten und gesund zurück.). Nun gilt auf dem Parkplatz: „Wer zuerst kommt, mahlt zuerst!", und einige Lehrer müssen sich außerhalb der Schule einen Platz für ihr Auto suchen. Wie viele Autoanordnungen gibt es nun auf dem Schulparkplatz?

22) Sie greifen, in Ihre Stochastik-Hausaufgaben vertieft, in eine Gummibärchentüte (acht rote, vier gelbe, vier grüne und sechs orangefarbene Tierchen) und entnehmen immer nur ein Gummibärchen. Da Sie natürlich gerade total in die wunderbare bunte Welt der Wahrscheinlichkeitsrechnung eingetaucht sind, drängt sich Ihnen die Frage auf: „Wie

viele verschiedene Farbfolgen hätten mir begegnen können, bis die Tüte leer war?".

23) Die 5c ist die Problemklasse Ihrer Schule. Im vergangenen Jahr gab es 21 Klassenleitertadel – natürlich nur für die 15 Jungen. Wie viele Möglichkeiten, wie sich diese auf die Jungen verteilen, gibt es? (Die Tadel haben keine Themen oder andere spezielle Merkmale.)

24) Für ein achtstelliges Kennwort stehen alle 26 Buchstaben von A – Z in Groß- und Kleinschreibung zur Verfügung. Zusätzlich sind für die beiden letzten Stellen noch alle Ziffern erlaubt. Wie viele verschiedene Kennwörter lassen sich bilden? Wie viele sind es, wenn nur an der ersten Stelle Großschreibung, aber dafür überall auch Ziffern erlaubt wären und sich kein Zeichen wiederholen darf?

6.5 Zu 2.4

25) Auf der Bahnstrecke von Dresden nach Leipzig werden zwei Zugtypen eingesetzt. Vom Typ A fahren vier Züge und vom Typ B fahren sieben Züge. Jeder Zug fährt nur einmal am Tag. Wie viele verschiedene Zugfolgen gibt es, wenn der erste Zug vom Typ A ist?

26) Bei einem Kreuzeltest (Multiple-Choice-Test) werden zehn Fragen mit jeweils drei Antwortmöglichkeiten gestellt. Man kann bei sechs der Fragen je eine der vorgegebenen Antworten direkt als falsch ausschließen. Wie groß ist die Wahrscheinlichkeit, durch bloßes Raten alle Fragen richtig zu beantworten?

27) Anne-Marie nimmt an einer Bootstour teil. Es gibt ein Dreier- sowie ein Vierer- und ein Sechser-Boot (gemeint sind hier: drei, vier und sechs Gästeplätze) und drei Bootsführer: den 50jährigen Maik, den großen, aber etwas kräftigen Stefan und den durchtrainierten, gut aussehenden, charmanten Frauenschwarm Tony.[10] Die Bootsführer und Teilnehmer werden zufällig aufgeteilt, aber jedes Boot braucht natürlich einen Bootsführer. Wie groß ist die Wahrscheinlichkeit, dass Anne-Marie mit Bootsführer Tony im Boot landet?

28) Bei einer Talk-Show sind in einem Halbkreis sieben Stühle aufgestellt. Es gibt zwei Moderatoren und fünf Gäste. Wie viele mögliche Anordnungen der Leute gibt es, wenn die beiden Moderatoren nicht nebeneinander sitzen dürfen?

29) Man würfelt mit einem Würfel so lange, bis eine 6 fällt. Ist es wahrscheinlicher, dass dies nach einer geraden Anzahl von Versuchen oder nach einer ungeraden Anzahl geschieht? Berechnen Sie die Wahrscheinlichkeiten!

---

[10]Ähnlichkeiten mit realen Personen sind rein zufällig. Die Beschreibungen dienen nur der Veranschaulichung des Sachverhalts, sind von größter didaktischer Bedeutung und daher unverzichtbar.

7 Lösungen

Im Folgenden Kapitel habe ich die Lösungen nicht nur genannt, sondern versuche auch genauer auszuleuchten und zu erklären, warum es eben genau so und nicht anders sein muss.

7.1 Zu 1.1

1) Primzahl: Jede nur durch 1 und sich selbst teilbare natürliche Zahl. Die Eins selbst zählt nicht. Sie hat nicht zwei Teiler, weil „1" und „sich selbst" ein und dasselbe ist. Günstige Ergebnisse sind also 2, 3 und 5, mögliche Ergebnisse sind 1, 2, 3, 4, 5 und 6. Es gibt also drei günstige und sechs mögliche Ergebnisse.

$$P = \frac{\text{Anzahl d. günst. Erg.}}{\text{Anzahl d. mögl. Erg.}} = \frac{3}{6} = \frac{1}{2} = 0,5 = 50\,\%$$

2) Gleiches Prinzip, wie bei 1) → Günstig: 3 und 5, also zwei Ergebnisse; möglich: 1–6, also sechs Ergebnisse.

$$P = \frac{1}{3}$$

3) Ein Skatblatt besteht aus 32 Karten. Man hat somit 32 mögliche Ergebnisse. Günstig für unseren Versuch ist eine der acht Eichel-Karten.

$$P = \frac{8}{32} = \frac{1}{4}$$

4) Günstig: Einer der 13 Jungen → 13 günstige Ergebnisse; möglich: 13 Jungen und 15 Mädchen → 28 mögliche Ergebnisse

$$P = \frac{13}{13 + 15} = \frac{13}{28} = 0,4643$$

In der Stochastik ist es üblich, die Rechenergebnisse auf vier Nachkommastellen genau anzugeben (wenn man nicht den Bruch stehen lässt, was auch zulässig und sogar exakter ist).

7.2 Zu 1.2

5) Vorteilhaft ist es hier, nicht für jede Karte einen Ast abgehen zu lassen, sondern den Baum speziell für das hier gefragte Ereignis zurechtzustutzen.

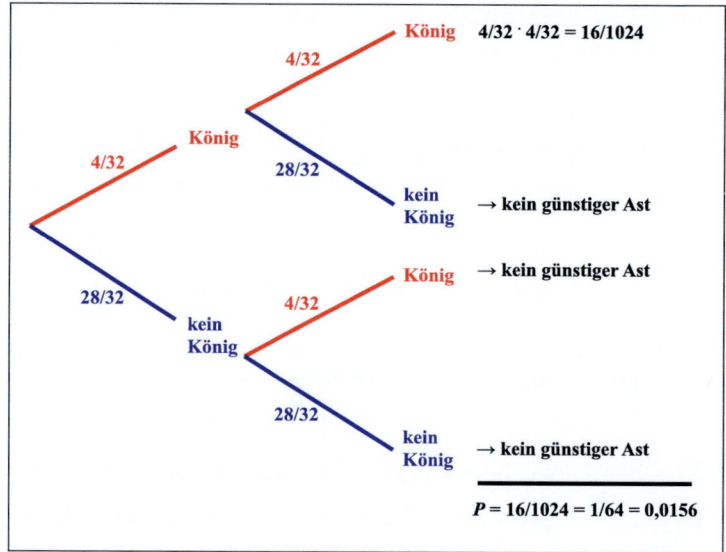

Abb. 7.1: zweimal aus einem Skatblatt ziehen → zwei Könige

Ich lasse aus dem Ursprung also einen Ast für „König" und einen für „kein König" abgehen. Beim zweiten Ziehen aus dem Skatblatt, gibt es dann für jeden der bisherigen Ausgänge noch mal zwei neue Zweige, wieder mit „König" oder eben „kein König". Die Wahrscheinlichkeiten entlang der Äste ergeben sich aus den Überlegungen aus Kapitel 1.1: Es gibt vier Könige (günstige Ergebnisse) und 32 Karten insgesamt (mögliche Ergebnisse)

6) Analog zu 5): Man multipliziert entlang der Pfade und addiert anschließend die Günstigen. Hier kann man auch verkürzend über das Gegenereignis gehen. → „Mindestens ein(e/en)" sollte immer wirken, also ob einem jemand ein Brett über den Schädel zieht und schreit: „Hey! Gegenereignis!".

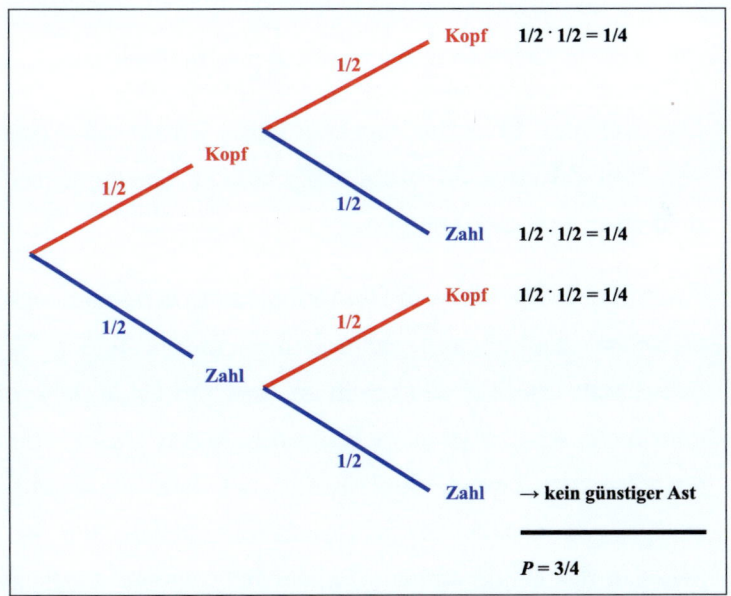

Abb. 7.2: zweimaliges Würfel → mindestens einmal Kopf

Über das Gegenereignis erhält man einen Ast mit der Wahrscheinlichkeit $\overline{P} = 1/4$, den man von 1 abziehen muss, um auf $\underline{\underline{P = 1 - \overline{P} = 3/4}}$ zu kommen.

7) Sinnvollerweise zeichnet man hier an jeden Abzweig nur „6" und „keine 6". Welche Zahl man gewürfelt hat, ist für den Versuch nicht von Belang, es interessiert nur ob es eine 6 war oder eben nicht. Hier gibt es leider keine schöne Abkürzung über ein Gegenereignis, da dieses umfangreicher ist, als das, nach dem gefragt ist. Das zugehörige Baumdiagramm besitzt drei günstige Zweige mit identischer Wahrscheinlichkeit. Es wird jeweils zweimal in Richtung „6" abgebogen und einmal in Richtung „keine 6". Ich denke, das Aufzeichnen bereitet keine großen Probleme, sodass ich hier auf eine Skizze verzichte.

$$\underline{\underline{P = 3 \cdot \frac{1}{6} \cdot \frac{1}{6} \cdot \frac{5}{6} = \frac{15}{216} = 0,0694}}$$

Das Rechnen über das Gegenereignis würde ein Addieren von fünf Zweigen mit unterschiedlichen Einzelwahrscheinlichkeiten mit sich bringen.

8) Auch hier sollte man ein Baumdiagramm zeichnen, was nur zwischen „Bube" und „kein Bube" unterscheidet. Wieso sollte man unnötig viel zeichnen, was am Ende doch nicht gebraucht wird. Aus dem Baumdiagramm ergibt sich nur ein günstiger Zweig, nämlich der, bei dem immer ein Bube gezogen wurde. Die Wahrscheinlichkeiten, die an den Stücken der Pfade stehen, ändern sich jedoch, da die gezogene Karte nicht zurückgelegt wird, also der Ausgangszustand nicht wieder hergestellt wird. Zieht man einen Buben,

fehlt im nächsten Versuch ein günstiges Ergebnis, zieht man keinen, bleibt alles beim Alten. Die Gesamtzahl der Ergebnisse reduziert sich bei beiden Fällen um eins. Die Wahrscheinlichkeit unseres einzigen Günstigen Pfades beträgt:

$$P = \frac{4}{32} \cdot \frac{3}{31} \cdot \frac{2}{30} = 0,0008$$

9) Bei dieser Aufgabe sollte das Baumdiagramm idealer Weise genau vier Pfade haben. Am Anfang unterteilen wir in „6" und „keine 6", anschließend beide Äste in „Kopf" und „Zahl". Günstig ist nun nach „6" in Richtung „Kopf" oder nach „keine 6" gen „Zahl" abzubiegen. Wieder wird entlang der günstigen Äste multipliziert und die Einzelwahrscheinlichkeiten werden am Ende addiert.

$$P = \frac{1}{6} \cdot \frac{1}{2} + \frac{5}{6} \cdot \frac{1}{2} = \frac{1}{2}$$

7.3 Zu 1.3

Sie sollten entscheiden, ob es sich bei folgenden Experimenten um ein Laplace-Experiment, ein Bernoulli-Experiment, beides oder keines von beiden handelt.

10) Beides: Die Einzelwahrscheinlichkeiten sind mit $p = 1/2$ gleich groß (Laplace) und es gibt nur zwei mögliche Ergebnisse (Bernoulli). Man kann natürlich in 1–6 unterteilen, jedoch gibt die Aufgabenstellung diese Unterteilung nicht vor, stattdessen unterscheidet sie die Ergebnisse eben nur in „Primzahl" und „keine Primzahl".

11) Auch hier wird mit „6 oder keine 6" nur in zwei Ergebnisse unterteilt, was diesen Versuch zu einem Bernoulli-Experiment macht. Das Kriterium für einen Laplace-Versuch ist jedoch nicht erfüllt, da die Wahrscheinlichkeiten mit $P(6) = 1/6$ und $P(keine\ 6) = 5/6$ unterschiedlich sind, sodass $p = 1/n$ bei dieser Betrachtung nicht gültig ist.

12) Der einfache Münzwurf ist der Klassiker, der beide Forderungen erfüllt. Er besitzt zwei Ergebnisse und deren Wahrscheinlichkeiten sind auch gleich groß.

13) Hier werden alle 21 Kinder unterschieden, also gibt es nicht nur zwei mögliche Ergebnisse, Bernoulli fällt somit weg. Das Laplace'sche Kriterium ist jedoch erfüllt. Nichts spricht dagegen, dass bei zufälliger Auswahl die Einzelwahrscheinlichkeiten identisch sind.

14) Dieses Experiment erfüllt keines der Kriterien beider Versuche. Es gibt mit „rot", „gelb" und „schwarz" drei Ergebnisse und durch die unterschiedlichen Anzahlen in der Urne sind auch deren Wahrscheinlichkeiten unterschiedlich.

15) Jetzt wird beim Würfeln, wie gewohnt in 1–6, also in sechs Ergebnisse unterschieden. Bernoulli ist also auch hier aus dem Rennen. Laplace ist hingegen erfüllt.

7.4 Zu 2.1 – 2.3

16) Beim Lotto spielt man ohne Zurücklegen und die Reihenfolge ist egal. (Auf dem Tippschein kreuzt man die Zahlen ja nur an und macht keinerlei Reihenfolge deutlich. Im Fernsehen oder sonst wo sind die gezogenen Zahlen dann auch

immer aufsteigend geordnet. Es wäre doch ein recht großer Zufall, hätte man sie immer so gezogen.) Die passende Formel ist also die, einer Kombination ohne Zurücklegen.

→ Eine typische Formulierung, die in Aufgabenstellungen immer wieder zu finden ist: „Ziehen von... mit einem Griff". Hier muss das gleiche Brett wie bei „mindestens eine..." geflogen kommen, diesmal gefolgt von einem Schrei: „Das ist 'ne Kombination, Mann!!!". Oder kenne ich die Reihenfolge der gezogenen Kugeln, die ich zusammen in meiner Hand liegen sehe? Beim Lotto ist über die Regeln festgelegt, dass die Reihenfolge egal ist. Beim Ziehen mit einem Griff, sind es einfach die praktischen Gegebenheiten.

$$C_{49}^6 = \frac{49!}{(49-6)! \cdot 6!} = \frac{49 \cdot 48 \cdot 47 \cdot 46 \cdot 45 \cdot 44}{1 \cdot 2 \cdot 3 \cdot 4 \cdot 5 \cdot 6}$$

$$\underline{C_{49}^6 = 13983816 \approx 14 \text{ Mio.}}$$

Um die Wahrscheinlichkeit für einen Sechser auszurechnen brauchen wir nun noch die Anzahl der günstigen Ergebnisse. Da jede Zahl passen muss, haben wir nur eine Möglichkeit: Sechs der sechs richtigen Zahlen und keine der falschen ziehen.

$$P(Sechser) = \frac{\text{Anzahl d. günst. Erg.}}{\text{Anzahl d. mögl. Erg.}} = \frac{C_6^6 \cdot C_{43}^0}{(C_{49}^6)}$$

$$\underline{\underline{P(Sechser) = \frac{1}{13983816} = 7,15 \cdot 10^{-8}}}$$

Man könnte hier meinen, C_{43}^0 sei überflüssig, weil es ja eh keine zusätzlichen Möglichkeiten liefert. Allerdings gilt Gleiches auch für C_6^6. Beides sehe ich aber nur, wenn ich die Ausdrücke hingeschrieben habe. Einfach von vornherein etwas wegzulassen und nicht zu bedenken ist gefährlich, wie das folgende Beispiel der Wahrscheinlichkeit für einen Fünfer zeigen soll: Günstig ist ein Ergebnis, wenn ich fünf der sechs richtigen habe und (zwangsläufig) eine der 43 falschen.

$$P(Fuenfer) = \frac{\text{Anzahl d. günst. Erg.}}{\text{Anzahl d. mögl. Erg.}} = \frac{C_6^5 \cdot C_{43}^1}{(C_{49}^6)}$$

$$P(Fuenfer) = \frac{6 \cdot 43}{13983816} = 1,84 \cdot 10^{-5}$$

Wir sehen eine 258mal so hohe Wahrscheinlichkeit für einen Fünfer, weil die Ausdrücke, die beim Sechser noch überflüssig schienen, doch einen großen Einfluss haben. Gleiches einmal für Vierer und Dreier nachzuvollziehen überlasse ich Ihnen als weitere Übung.

$$\left(P(Vierer) = 9,69 \cdot 10^{-4}; \; P(Dreier) = 0,0177 \right)$$

17) Das Platzieren Ihrer Spielzeugautos stellt eine Permutation dar, da Sie alle nacheinander wählen und anordnen. Gleiche Autos gibt es nicht, da „27 verschiedene" in der Aufgabenstellung steht.

$$P_{27} = 27! = 1,09 \cdot 10^{28}$$

Als Mathematiker wissen wir, dass das eine Eins mit 28 Nullen darstellt und Nachzählen wohl eher eine schlechte Idee ist. Falls Sie sich für Chemie oder Physik interessieren: Würde ich 10^{28} Sauerstoff-Atömchen als Kette aneinander reihen, so würde diese fast 4,5 Millionen Mal zur Sonne und zurück reichen.

18) Hierbei handelt es sich um eine Variation mit Zurücklegen. Ich wähle für die erste Stelle eine der acht Ziffern, anschließend für die zweite usw. Es stehen immer wieder alle Elemente zur Verfügung. Nur weil ich an erster Stelle die „7" habe, heißt das nicht, dass sie für alle anderen plötzlich verboten ist, auf den Stellrädchen ist sie ja weiterhin drauf. Da „7 2 3 8 7 1" und „1 7 8 7 2 3" hier nicht ein und dasselbe Ergebnis darstellen, kann es sich nicht um eine Kombination im mathematischen Sinne handeln, auch, wenn der allgemeine Sprachgebrauch dies so nutzt. („Meine Kombination sag ich dir doch nicht!").

$$\underline{\underline{{}^wV_8^6 = 8^6 = 262144}}$$

Für diejenigen, denen ein solches Schloss noch nicht unter gekommen ist: Die Reihenfolge ist entscheidend, weil bei mechanischen Schlössern meist mit Aussparungen in den Stellrädchen gearbeitet wird, durch die Bolzen oder Stifte nur bei der richtigen Zahlenfolge herausgezogen werden können.

19) Dieser Sachverhalt ist analog zu dem mit den Spielzeugautos: Es werden 40 verschiedene Elemente auf 40 Plätzen angeordnet.

$$\underline{\underline{P_{40} = 40! = 8,16 \cdot 10^{47}}}$$

20) Nun fehlt ein Lehrerauto und aus der Permutation wird eine Variation. Die 39 Autos suchen sich nacheinander eine der 40 Parklücken aus. Geändert hat sich am Ergebnis aber nichts. Weil es egal ist, ob wir das letzte Auto zwangs-

weise in die eine verbliebene Lücke stellen oder ob wir sie leer lassen. Weitere Möglichkeiten kommen dadurch nicht zustande. Die Formel zeigt genau dies:

$$V_{40}^{39} = \frac{P_{40}}{P_1} = \frac{40!}{1!} = \frac{40!}{1} = 8,16 \cdot 10^{47}$$

Es ist hier prinzipiell egal, aus welcher Richtung man das Pferd aufzäumt, nur birgt die von mir gezeigte Art weniger Gefahren, etwas zu vergessen. Angenommen ich überlege mir: Ich verteile nicht Parkplätze an Autos, sondern Autos an Parkplätze. Auch das ist möglich, nur nicht ganz so trivial, wenn man alle Möglichkeiten erfassen will. Parkplatz 1 hat 39 Autos zur Wahl, Parkplatz 2 nur noch 38 usw. Wir rechnen also 39! und Parkplatz 40 bleibt leer. Wieso soll es aber nun Gesetz sein, dass immer Parkplatz 40 leer bleibt, egal, wie die anderen besetzt sind? Wir könnten auch Parkplatz 1 leer lassen und Parkplatz 2 die Wahl aus 39 Autos überlassen. Es gibt also das 40-fache an Möglichkeiten, indem man die gefundenen Anordnungsmenge 39! immer einen Parkplatz weiter rückt. Da dies wesentlich komplizierter nachzuvollziehen ist und man Gefahr läuft sich in seinem Gedankenkonstrukt zu verlaufen, sollte man sich die Überlegungen nicht unnötig erschweren. In Kapitel 2.4 sprach ich davon, dass man lernen muss, zu sehen, welcher Weg der günstigere ist. Auch wenn hier die meisten intuitiv die Parkplätze an die Autos verteilt hätten, kann es auch manchmal anders herum sein.

21) Bei 43 Lehrerautos und 40 Parkplätzen haben wir nun genau den angekündigten Fall, dass wir Autos an Parkplätze

verteilen müssen.

$$V_{43}^{40} = \frac{P_{43}}{P_3} = \frac{43!}{3!} = 1,01 \cdot 10^{52}$$

Bei einer Variation ohne Zurücklegen ist es immer sinnvoll das, was in der Überzahl ist, an das, wovon es weniger gibt, zu verteilen. Das erspart Hirnverrenkungen wie ich sie in Aufgabe 20) gezeigt habe. Es ist hierbei völlig legitim, da beide Gegenstände, sowohl Autos als auch Parkplätze, untereinander komplett verschieden sind. Ich kann jedes Auto von den anderen unterscheiden und bei den Parkplätzen gibt es keinen doppelt. Bei Variationen ohne Zurücklegen ist dies nicht so einfach möglich, da nur bei einem von beiden die Wiederholung ausgeschlossen ist. Die Formel zeigt auch, dass ein Vertauschen mathematischen Blödsinn liefert (Bsp. aus Aufgabe 18) mit dem Zahlenschloss):

$${}^{w}V_8^6 = 8^6 = 262144 \text{ im Gegensatz zu } {}^{w}V_6^8 = 6^8 = 1679616$$

Vom rechten Wert kommt man auch nicht so wie in Aufgabe 20) gezeigt über eine noch fehlende Überlegung zum linken oder umgekehrt. Die Rechnung ist einfach nur falsch.

22) Es werden alle Gummibärchen ausgewählt und angeordnet, jedoch kann man innerhalb der Farben nicht unterscheiden. Es handelt sich hierbei um eine Permutation mit r, s, t und u gleichen Elementen. Diese identischen Elemente reduzieren die Anzahl der Ergebnisse durch die wegfallenden Permutationen der jeweils identischen Elemente, wie in Kapitel 2.1 beschrieben.

$$^{w}P_{22} = \frac{22!}{8! \cdot 4! \cdot 4! \cdot 6!} = 6,72 \cdot 10^{10}$$

23) Da die Tadel nicht unterscheidbar sind, kann eine Reihenfolge nicht von Interesse sein. Somit kommt erstmal nur eine Kombination als Modell des Experimentes infrage. Wir können nun die 21 Tadel an die 15 Jungen verteilen, allerdings kann ja ein Junge mehrere Tadel abbekommen und nicht jeder muss überhaupt einen bekommen haben. Das klingt nicht gerade trivial... Was nun? Die 15 Jungen den 21 Tadeln zuordnen und mit Zurücklegen spielen? Auch das ist nicht möglich, da bei diesem Verfahren die Tadel unterscheidbar sein müssten. Ordnen wir die Jungen den Tadeln zu, haben wir eine Information, welcher Junge, welchen Tadel bekommen hat. Das ist aber nicht gewollt. Wir bleiben also bei unserer ersten Idee und verteilen die Tadel an die Jungen, wobei jeder Junge, der bereits einen Tadel hat auch für alle weiteren Tadel noch zur Verfügung steht. Dies leistet die in Kapitel 2.3 etwas ungewöhnlich veranschaulichte Formel der Kombination mit Zurücklegen. Hier werden nicht die Tadel zurückgelegt, sondern die, die die Tadel bekommen sollen. Genau das macht diese Art der Auswahl im Vergleich zum Rest so ungewöhnlich.

$$^{w}C_{21}^{15} = \frac{(21 + 15 - 1)!}{(21 - 1)! \cdot 15!} = \frac{35!}{20! \cdot 15!} = 3,25 \cdot 10^{9}$$

24) Bei dieser Aufgabe können wir nicht alle Stellen gemeinsam betrachten, sondern nur einzeln diese, für die die gleichen Möglichkeiten zur Verfügung stehen. Wir beginnen einfach mal vorn:

Für die ersten sechs Stellen stehen jeweils 52 Zeichen zur Verfügung. Es handelt sich um eine Variation mit Zurücklegen. Zusätzlich gibt es zu jedem einzelnen dieser Ergebnisse noch verschiedene Möglichkeiten, die letzten beiden Stellen zu besetzen. Auf diesen beiden stehen jeweils 62 Zeichen zur Verfügung, ebenfalls als Variation mit Zurücklegen. Insgesamt ergibt sich als Anzahl N der möglichen Ergebnisse:

$$N = {}^w V_{52}^6 \cdot {}^w V_{62}^2 = 52^6 \cdot 62^2 = 7,60 \cdot 10^{13}$$

Analog verfahren wir für den zweiten Aufgabenteil: Die erste Stelle hat 62 Möglichkeiten, jedoch muss eine Fallunterscheidung vorgenommen werden. Wurde einer der 26 Großbuchstaben verwendet muss für die folgenden sieben Stellen ohne Zurücklegen aus 36 Kleinbuchstaben und Ziffern gewählt werden. Wurde für die erste Stelle bereits einer der 36 Kleinbuchstabe oder Ziffern benutzt, so bleiben für die folgenden Stellen nur noch eine Variation ohne Zurücklegen von 35 Zeichen:

$$N = V_{26}^1 \cdot V_{36}^7 + V_{36}^1 \cdot V_{35}^7$$
$$N = 26 \cdot 36 \cdot 35 \cdot 34 \cdot 33 \cdot 32 \cdot 31 \cdot 30 +$$
$$36 \cdot 35 \cdot 34 \cdot 33 \cdot 32 \cdot 31 \cdot 30 \cdot 29$$

$$N = 2,31 \cdot 10^{12}$$

Wenn ich solche Aufgaben rechne, dann nutze ich selten Symbolik wie V_{35}^7, da ich ja weiß, was dahinter steht und ich vieles sehr basisnah angehe. So würde ich, wie oben beschrieben, einfach sagen: „Wurde einer der 26 Großbuch-

staben verwendet stehen für die zweite Stelle alle 36 Kleinbuchstaben und Ziffern zur Verfügung. Bei jeder weiteren
Stelle scheidet ein Zeichen aus. Wurde für die erste Stelle bereits ein Kleinbuchstabe oder eine Zahl benutzt, dann
bleiben für die zweite Stelle nur noch 35, für die dritte 34
Zeichen usw. übrig.". Ob das Kind nun Variation, Kombination oder sonst wie heißt, ist für mich nicht vorrangig,
aber hier nutze ich diese Begriffe, weil Ihnen diese im Unterricht begegnen werden. Dann müssen Sie wissen, was
damit gemeint ist und beim Erlernen des Umgangs mit der
Kombinatorik sind sie vielleicht auch hilfreich. Man hat so
die Chance, sich an etwas zu klammern, im entsprechenden
Kapitel noch mal nachzulesen oder ähnliche Sachverhalte
erfassen zu können. Ihr Lehrer/Ihre Lehrerin wird sich sicherlich auch freuen, den einen oder anderen Fachbegriff
zu hören, wenn sie Ihre Lösungen erläutern, denn nicht jedem liegt oder gefällt dieses schnelle Zusammenwerfen von
Zahlen. Sie müssen sich auch überlegen, ob Sie Ihrem Gegenüber Anhaltspunkte gegeben haben, was Ihre Gedanken
waren – Hellseher sind sehr selten.

7.5 Zu 2.4

25) In dieser Aufgabe geht es wieder einmal um eine Permutation mit r und s identischen Elementen. Nun ist noch
gegeben, dass die erste Stelle immer mit Typ A belegt sein
muss. Dieser Umstand nützt uns mehr als er uns Probleme
bereiten sollte, denn um diese Stelle müssen wir uns nicht
mehr kümmern. Auf die verbliebenen zehn Stellen müssen

wir nun drei Züge vom Typ A und sieben vom Typ B anordnen.

$$^{w}P_{10} = \frac{10!}{3! \cdot 7!} = 120$$

Wenn Sie sich nun diese Formel anschauen, fällt Ihnen dann etwas auf? Sie gleicht der Formel, die sich bei einer Kombination ohne Zurücklegen ergäbe.

$$C_{10}^{7} = \frac{10!}{3! \cdot 7!} = C_{10}^{3} = 120$$

Der Versuch kann also auch als eine Kombination betrachtet werden? Ja, natürlich kann man sich auch einfach drei der zehn Plätze (z.B. 3, 4 und 8 oder 5, 7 und 10) auswählen, welche man dann mit Typ A besetzt oder sieben Plätze auswählt, die mit Typ B belegt werden. Kapitel 3.2 erläutert, warum dies dasselbe darstellt.

26) Bei sechs der Fragen muss jeweils die richtige von drei Antworten und bei den vier Fragen anderen die richtige von vier Antworten gewählt werden. Da ohne besseres Wissen keine der infrage kommenden Antworten eine größere Wahrscheinlichkeit besitzt, ist $p_1 = 1/2$ und $p_2 = 1/3$. Alle Fragen kann man als mit folgender WSK richtig erraten:

$$P = p_1^6 \cdot p_2^4 = \left(\frac{1}{2}\right)^6 \cdot \left(\frac{1}{3}\right)^4 = \frac{1}{5184} = 1,93 \cdot 10^{-4}$$

Ganz zu Beginn haben wir gelernt, dass die Wahrscheinlichkeit über die Anzahl der günstigen Ergebnisse geteilt durch die Anzahl der günstigen Ergebnisse errechnet. Funktioniert dies auch hier? Natürlich und ich will Ihnen zeigen, wie mehrere Ansätze doch letztlich auf ein und dasselbe abzielen:

Wie viele günstige Möglichkeiten gibt es? Richtig, es gibt nur eine, nämlich, dass wir jede Frage richtig und keine falsch beantworten. Im Baumdiagramm würden wir immer auf den Zweig „Richtig" abbiegen, der bei den ersten sechs Abzweigen einer von zwei und bei den letzten vieren einer von drei Zweigen ist.

Wie viele Möglichkeiten, also Pfade gibt es insgesamt? Durch die erste Frage entstehen zwei, durch die darauf folgende wieder jeweils zwei neue usw. bis ab der siebten Frage jeweils in drei Zweige aufgespalten wird.

$$2 \rightarrow 4 \rightarrow 8 \rightarrow 16 \rightarrow 32 \rightarrow 64 \rightarrow 192 \rightarrow 576 \rightarrow 1728 \rightarrow 5184$$

$$N = 2^6 \cdot 3^4 = 5184$$

Als Wahrscheinlichkeit ergibt sich somit:

$$P = \frac{1}{2^6 \cdot 3^4} = \frac{1}{5184}$$

Auch in der Stochastik führen also viele Wege nach Rom – nur richtig durchdacht und vollständig müssen sie sein.

27) Auch hier möchte ich gern verschiedene Herangehensweisen erläutern und zunächst mit den kombinatorischen beginnen. Da wir in Kapitel 2 dazu einiges gelernt haben, wollen wir beim ersten Lösungsweg auch einmal richtig auf den Putz hauen.

Die Gesamtmöglichkeiten ergeben sich aus der Verteilung

der drei Bootsführer auf die drei Boote und der 13 Gäste auf die 13 Bootsplätze:

$$N(moeglich) = P_3 \cdot P_{13} = 3,74 \cdot 10^{10}$$

Für die Anzahl der günstigen Möglichkeiten müssen wir unterscheiden, in welches Boot Tony einsteigt. Anschließend verteilen wir die beiden anderen Bootsführer auf die verbliebenen Boote. Im Dreier bleiben für Anne-Marie drei günstige Plätze, im Vierer bleiben vier usw. Wir suchen also erst einen Platz im richtigen Boot für die Anne-Marie und anschließend ordnen wir die anderen Gäste an.

Wir bekommen drei Blöcke, je nachdem, wo Tony sitzt: Tony im Dreier V_1^1; Maik und Stefan auf die restlichen Boote P_2; Anne-Marie im Dreier verteilen V_3^1; restliche Gäste anordnen P_{12}

$$N(guenstig) = V_1^1 \cdot P_2 \cdot V_3^1 \cdot P_{12} + V_1^1 \cdot P_2 \cdot V_4^1 \cdot P_{12}$$
$$+ V_1^1 \cdot P_2 \cdot V_6^1 \cdot P_{12}$$

$$N(guenstig) = V_1^1 \cdot P_2 \cdot \left(V_3^1 + V_4^1 + V_6^1 \right) \cdot P_{12} = 1,25 \cdot 10^{10}$$

Die Wahrscheinlichkeit ist nun:

$$P = \frac{N(guenst.)}{N(moegl.)} = \frac{V_1^1 \cdot P_2 \cdot \left(V_3^1 + V_4^1 + V_6^1 \right) \cdot P_{12}}{P_3 \cdot P_{13}} = \frac{1}{3}$$

Dieser Weg ist ausführlich und korrekt, jedoch leider nicht

der kürzeste. Ein weiterer, kürzerer kombinatorischer Weg ist die anderen Gäste komplett außer Acht zu lassen, bzw. sie als neun nicht unterscheidbare Elemente zu betrachten. Gleiches gilt für die Bootsführer Maik und Stefan. Sie sind in der Realität vielleicht unterscheidbar, jedoch interessiert uns auch da nur das Schicksal der Anne-Marie und ihres Helden Tony. Wir ordnen also nicht alle an, sondern wählen nur eines der drei Boote für Tony und einen der 13 Plätze für Anne-Marie.

$$N(moeglich) = V_3^1 \cdot V_{13}^1 = 39$$

Analog betrachten wir bei den günstigen Möglichkeiten auch nur die günstigen Plätze für Anne-Marie, welche nun mal im jeweiligen Boot von Tony sind. Ist er im Dreier, ist es einer von drei Plätzen usw.:

$$N(guenstig) = V_1^1 \cdot V_3^1 + V_1^1 \cdot V_4^1 + V_1^1 \cdot V_6^1$$
$$= V_1^1 \cdot \left(V_3^1 + V_4^1 + V_6^1\right) = 13$$

$$P = \frac{N(guenst.)}{N(moegl.)} = \frac{V_1^1 \cdot \left(V_3^1 + V_4^1 + V_6^1\right)}{V_3^1 \cdot V_{13}^1} = \frac{1}{3}$$

An dieser Stelle möchte ich noch einmal die Formel des ersten kombinatorischen Versuches betrachten, um zu veranschaulichen, was eigentlich passiert:

$$P = \frac{N(guenst.)}{N(moegl.)} = \frac{V_1^1 \cdot P_2 \cdot \left(V_3^1 + V_4^1 + V_6^1\right) \cdot P_{12}}{P_3 \cdot P_{13}}$$

Die Farbgebung hat folgenden Sinn: P_{12} reduziert P_{13}, sodass im Nenner nur noch eine Variation von einem aus 13 Elementen bleibt.

$$V_{13}^1 = \frac{13!}{(13-1)!} = \frac{P_{13}}{P_{12}} \qquad \rightarrow \qquad \frac{1}{V_{13}^1} = \frac{P_{12}}{P_{13}} = \frac{1}{13}$$

P_2 reduziert P_3, sodass im Nenner nur noch eine Variation von einem aus drei Elementen bleibt.

$$V_3^1 = \frac{3!}{(3-1)!} = \frac{P_3}{P_2} \qquad \rightarrow \qquad \frac{1}{V_3^1} = \frac{P_2}{P_3} = \frac{1}{3}$$

Dies stimmt völlig mit unserer Überlegung zur Verkürzung überein. Aber noch nicht genug der Vereinfachungen: Wir sind also bei unserer „kurzen" Formel angelangt, auch hier hat die Farbgebung einen Sinn.

$$P = \frac{N(guenst.)}{N(moegl.)} = \frac{V_1^1 \cdot \left(V_3^1 + V_4^1 + V_6^1\right)}{V_3^1 \cdot V_{13}^1}$$

$$P = \frac{V_1^1 \cdot (3 + 4 + 6)}{V_3^1 \cdot 13} = \frac{1}{3}$$

Was heißt das nun? Die Zahlen resultieren aus dem Verteilen von Anne-Marie und wir sehen: Es gibt für sie genau so viele günstige wie mögliche Plätze. Das ist eigentlich recht verblüffend und zeigt: Jeder Platz kann ein günstiger sein, es kommt nur darauf an, wo Tony sitzt. Tatsächlich kann Anne-Marie auf den sechs Plätzen im Sechser oder auf den drei Plätzen im Dreier sitzen, richtig ist der Platz nur dann, wenn Tony mit im Boot ist.

Der dritte und letzte Weg, den ich hier zeigen möchte, führt über ein Baumdiagramm, welches genau das beweist:
In der ersten Stufe legen wir fest, wie groß die Chance ist, dass Tony im Dreier, Vierer oder Sechser sitzt, im zweiten Schritt legen wir fest, wie groß die Chance ist, dass Anne-Marie im gleichen Schiffchen sitzt. Das Diagramm dürfen Sie natürlich gern zeichnen, ich denke aber Sie konnten mir auch ohne Skizze folgen und die Gedanken im Kopf fassen (Das ist übrigens ein Ziel der Übungen.). Als Rechnung erhalten wir also die Summe dreier Pfade, welche sich durch Ausklammern so zusammenfassen lassen, wie wir es vorhin schon hergeleitet haben:

$$P = \frac{1}{3}\cdot\frac{3}{13}+\frac{1}{3}\cdot\frac{4}{13}+\frac{1}{3}\cdot\frac{6}{13} = \frac{1}{3}\cdot\left(\frac{3}{13}+\frac{4}{13}+\frac{6}{13}\right) = \frac{1}{3}\cdot\frac{13}{13} = \frac{1}{3}$$

Noch einmal, weil es so toll ist: Tony entscheidet!

28) In Kapitel 2.4 ließ ich die Bemerkung fallen, dass man am besten mit den Einschränkungen in einer Aufgabe beginnt, weil man später nicht mehr an die Möglichkeiten herankommt, die man einmal zugelassen hat. Somit beginnen wir hier damit, die Moderatoren zu platzieren. Hier müssen wir eine Fallunterscheidung machen. Sitz ein Moderator auf Sitz 1 oder 7, so ist von den sechs übrigen Stühlen nur einer für den anderen Moderator verboten. Sitzt Moderator 1 auf Stuhl 2 bis 6, so blockiert er damit zwei der verbleibenden Stühle für seinen Kollegen. Hier die Skizze:

Abb. 7.3: Talkshow – Fallunterscheidung nach Sitzplatz des ersten
Moderators

Alles, was danach folgt, ist die Anordnung der fünf Gäste
auf die fünf übrigen Stühle.

$$N = V_2^1 \cdot V_5^1 \cdot P_5 + V_5^1 \cdot V_4^1 \cdot P_5 = 2 \cdot 5 \cdot 5! + 5 \cdot 4 \cdot 5! = 3600$$

Man kann natürlich auch über das Gegenereignis rechnen,
allerdings ist das hier nicht der kürzere Weg. Die Gesamtzahl, die Personen anzuordnen ergibt sich aus einer Permutation der sieben Personen und die verbotenen Möglichkeiten analog zur vorherigen Rechnung:

$$N = P_7 - \left(V_2^1 \cdot V_1^1 \cdot P_5 + V_5^1 \cdot V_2^1 \cdot P_5 \right)$$
$$N = 5040 - (2 \cdot 1 \cdot 5! + 5 \cdot 2 \cdot 5!) = 3600$$

29) Problem hierbei ist, dass man die Wahrscheinlichkeiten für
„bei gerader Anzahl" und „bei ungerader Anzahl" als Laie
nicht zu fassen bekommt. Wirklich nicht? Ich sage, man
schafft es! Hier sind natürlich Taschenspielertricks und Jahr-
marktsgaukeleien gefragt, aber ich verrate Ihnen (im Gegensatz zu anderen Betrügern) meine Geheimnisse:

Die Wahrscheinlichkeit dafür, nach einer geraden Anzahl von Würfen eine 6 zu bekommen, ergibt sich aus:

$$P(ungerade) = P(1) + P(3) + P(5)\cdots$$

$$P(ungerade) = \frac{1}{6} + \frac{5}{6} \cdot \frac{5}{6} \cdot \frac{1}{6} + \frac{5}{6} \cdot \frac{5}{6} \cdot \frac{5}{6} \cdot \frac{5}{6} \cdot \frac{1}{6}\cdots$$

Man würfelt also eine 6 erst, wenn man vorher eine gerade Zahl, also null-, zwei- oder viermal usw. etwas anderes hatte. Für eine 6 nach einer geraden Anzahl von Würfen ergibt sich hingegen diese Reihe:

$$P(ungerade) = P(2) + P(4) + P(6)\cdots$$

$$P(ungerade) = \frac{5}{6} \cdot \frac{1}{6} + \frac{5}{6} \cdot \frac{5}{6} \cdot \frac{5}{6} \cdot \frac{1}{6} + \frac{5}{6} \cdot \frac{5}{6} \cdot \frac{5}{6} \cdot \frac{5}{6} \cdot \frac{5}{6} \cdot \frac{1}{6}\cdots$$

Wenn wir diese Reihen ins Unendliche fortsetzen, dann hat jede Einzelwahrscheinlichkeit für „ungerade" einen Partner in der Reihe von „gerade", welche eine Wahrscheinlichkeit besitzt, die nur 5/6-mal so groß ist.

So weit, so gut. Wir haben also ein Verhältnis ermittelt. Bringt uns das auch etwas Zählbares? Natürlich! In Kapitel 1 lernten wir, dass die Gesamtwahrscheinlichkeit aller möglichen Ergebnisse genau 1 beträgt. Beide Erkenntnisse ergeben nun ein sehr einfaches Gleichungssystem.

$$P(gesamt) = P(ungerade) + P(gerade) = 1$$

$$P(gerade) = \frac{5}{6} \cdot P(ungerade)$$

Nutzen wir diese beiden Erkenntnisse sinnvoll vereint:

$$1 = \frac{5}{6} \cdot P(ungerade) + P(ungerade)$$

$$1 = \frac{11}{6} \cdot P(ungerade)$$

$$(ungerade) = \frac{6}{11} = 0,5454$$

und

$$P(gerade) = \frac{5}{11} = 0,4545$$

Das ist wirklich recht großes Kino. Glückwunsch allen, die selbstständig auf diesen Weg gekommen sind.

Informationen über den Autor

(Bild von www.foto-leo.de)

- * 1987 in Großenhain, Sachsen
- 2005 Abitur, Mathematik- & Physik-Leistungskurs
- 2006 – 2012 Studium an der Westsächsischen Hochschule Zwickau (WHZ): B.Eng. Mikrotechnologie (dual); M.Eng. Nano- und Oberflächentechnologie; Tutor für Physikalische Chemie, Fußball-Übungsleiter, Dozent der Physik-Vorbereitungskurse
- 2011: Taiwan Summer Institute Program; Deutschlandstipendium
- seit 2013 Doktorand an der Technischen Universität Dresden

„Mit einem guten Leistungskurs und bisher drei Semestern Mathematik im Mikrotechnologie-Studium habe ich zwar vergleichsweise geringe Referenzen, aber genau hier liegt meine Stärke: Ich hatte genügend aber eben nicht zu viel mit der Mathematik zu tun! Mit 22 Jahren bin ich deutlich näher an den Schülern der Oberstufe und meine Erinnerungen an das Abitur sind noch recht frisch. In der Sekundarstufe II betreibt man keine höhere Mathematik, sodass sich vieles in alltagssprachlicher und verständlicher Ausdrucksweise vermitteln lässt. Doch leider ersticken viele Klassenzimmer in Fachbegriffen. Das eigentliche Verständnis bleibt oft auf der Strecke. Mit diesem Buch versuche ich bewusst, vor allem das Verständnis und den grundlegenden Umgang mit der Stochastik zu vermitteln."